❋ 저학년을 위한 열 가지 **인권** 이야기 ❋

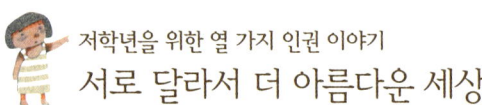

저학년을 위한 열 가지 인권 이야기
서로 달라서 더 아름다운 세상

글 노지영 • 서지원 • 곽민수
그림 문채빈 • 송혜선 • 구윤미 • 송수미 • 김병남 • 김은진 • 박지애

펴낸날 2010년 8월 20일 초판 1쇄, 2022년 7월 1일 초판 13쇄
펴낸이 신광수 | **CS본부장** 강윤구 | **출판개발실장** 위귀영 | **출판영업실장** 백주현 | **디자인실장** 손현지
아동콘텐츠개발팀 박재영, 백한별 | **출판디자인팀** 최진아, 김가민 | **저작권업무** 김마이, 이아람
채널영업팀 이용복, 이강원, 김선영, 우광일, 강신구, 이유리, 정재욱, 박세화, 김종민, 이태영, 전지현
출판영업팀 민현기, 정슬기, 허성배, 정유, 설유상
CS지원팀 강승훈, 봉대중, 이주연, 이형배, 이은비, 전효정, 이우성
펴낸곳 (주)미래엔 | **주소** 서울특별시 서초구 신반포로 321
전화 미래엔 고객센터 1800-8890 | **팩스** 02)541-8249
등록 1950년 11월 1일 제16-67호

저작권자의 동의 없이 무단 복제 및 전재를 금합니다.

ISBN 978-89-378-4964-0 73810

· 책값은 뒤표지에 있습니다.
· 파본은 구입처에서 교환해 드리며, 관련 법령에 따라 환불해 드립니다. 다만, 제품 훼손 시 환불이 불가능합니다.

서로 달라서 더 아름다운 세상

글 노지영 · 서지원 · 곽민수
그림 문채빈 · 송혜선 · 구윤미 · 송수미
김병남 · 김은진 · 박지애

Mirae N 아이세움

| 책을 읽기 전에 |

사람이라면 누구나 가지는 권리를 인권이라고 하지요. 인권은 사람이 사람답게 살기 위해서 보장받아야 하는 것이에요. 인권이 보장되지 않는 사회에서는 사람으로서의 기본적인 권리마저 포기해야 하는 경우가 생길 수 있거든요. 옛날에 비해 우리 사회의 인권 의식은 많이 성숙했지만 사회적 약자나 소수자들의 인권은 여전히 보장받지 못하는 경우가 많아요.

'우린 너랑 틀려.'

여러분은 이 말이 이상하게 들리지 않나요? 시험 문제처럼 정답과 오답이 있는 게 아닌데 '틀리다'라고 하는 건 자기가 생각하는 것, 행동하는 것만 정답이라는 큰 착각이 바탕이 된 말이에요. 하지만 종종 우리는 '틀리다'라는 말을 아무렇지 않게 쓰고는 해요. 자기와 다르면 무조건 틀렸다고 생각하고, 자기와 다른 점에 대해서 인정하거나 포용하려 하지 않지요.

그래서 아직 사회적 소수자나 약자들의 인권은 충분히 존중받고 있지 못해요.

이 책에는 '다름'과 '틀림'이 바르게 쓰이기를 바라는 마음이 담겨 있어요. 이를 통해 모든 사람이 인권을 누리면서 살게 되기를 바라고 있지요. 이제 여러분이 읽게 될 열 가지 이야기는 어쩌면 아주 낯선 이야기일 수도 있고, 어쩌면 가까운 친구의 이야기일 수도 있어요. 혹은 내 이야기일 수도 있지요.

'틀림'으로 이름 붙여져 오해와 편견을 받아야 했던 이야기를 읽으면서 여러분 주변을 한번 되돌아보세요. 또 여러분 또래의 주인공 친구들이 어떻게 오해와 편견에서 벗어나는지 지켜보세요. 그리고 책 속의 친구들처럼 여러분도 주변을 새로운 눈으로 바라보세요. '다름'이 가진 가치를 소중하게 생각하면, 더불어 사는 세상에서 인권이 왜 중요한 것인지 알게 될 거예요.

이 책을 읽고 이야기 속 모든 주인공을 편견 없이 바라보게 된다면 인권에 대한 여러분의 생각이 한층 더 성숙해진 것이겠지요. 편견 없는 눈으로 세상을 보는 어린이 여러분이 자라 어른이 되면, 우리 사회의 인권은 한 단계 더 발전할 거예요.

| 차례 |

8   몸이 불편한 친구와 어떻게 지내야 할까요?
내가 할 수 있어!

22   남자 일, 여자 일이 따로 있을까요?
아빠표 떡볶이

40   어린이의 의견도 존중해 주세요
어려서 아무것도 모른다고?

54   왜 노인을 공경해야 할까요?
할머니의 코 고는 소리

68   세상에는 다양한 모습의 가족이 있어요
할머니와 컴퓨터

	외국인 노동자는 왜 우리나라에서 일을 할까요?
82	함께 해요, 우리들의 파티

	여러 문화가 모여 한 가정을 이루기도 해요.
100	내 이름은 다문화

	돈이 모든 것을 이뤄 주는 건 아니에요
114	내 꿈은 가난하지 않아!

	피부색이 달라도 친구가 될 수 있어요
128	행복한 외계인 학교

	나와 다른 행동을 하는 친구들도 있어요
148	친구가 생겼어요!

몸이 불편한 친구와 어떻게 지내야 할까요?

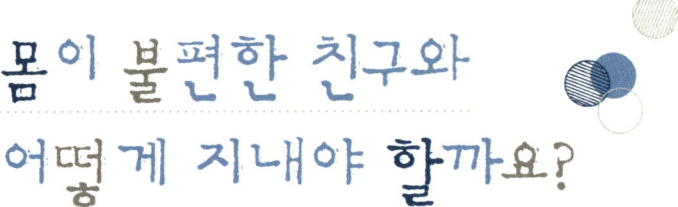

내가 할 수 있어!

선호의 시선이 자꾸만 창밖으로 향했어요. 엄마가 괜찮다는 듯 고개를 살짝 끄덕이고 있는 게 보였지요. 머뭇거리던 선호는 다시 용기를 냈어요.

"안녕! 나, 나는 유선호라고 해. 어, 몸이 좀 부, 불편하지만 너희들과 자, 잘 지내고 싶어."

선호는 어눌한 발음으로 자신을 소개했어요. 아이들은 아무런 말이 없었어요. 선호는 아이들이 자신의 오른팔을 뚫어져라 쳐다보는 것만 같아 얼른 자리로 돌아가고 싶어졌어요.

"애들아, 몸이 불편한 선호를 도와서 우리 앞으로 잘 지내보

도록 하자."

"네."

선호는 몇몇 아이들이 작은 소리로 대답하는 것을 들으며 제자리로 돌아왔어요.

복도에 선 엄마는 잘했다는 듯 소리 없는 박수를 치며 선호를 보고 환하게 웃었지요. 하지만 선호는 왠지 모를 두려움에 고개를 푹 숙였어요.

선호가 세 살이 되었을 때, 선호의 오른팔에 문제가 생겼어요. 병원에서는 큰 수술을 해야 한다고 했어요. 의사 선생님은 수술이 성공적으로 끝나도 선호의 팔이 잘 자라지 않을 수도 있다고 했어요. 그리고 그 말은 사실이 되었어요.

선호의 오른팔은 더 이상 자라지 않았어요. 왼팔은 초등학교 2학년 어린이의 팔이었지만 오른팔은 세 살 아기 때 모습 그대로였어요. 선호가 자랄수록 몸에 어울리지 않게 작은 팔은 옷 속에 꽁꽁 숨어 버렸지요. 또 선호는 다른 친구들에 비해 말이 느리고 표현이 서툴렀어요. 그건 선호가 유치원에 다니기 시작할 무렵 찾아온 '뇌병변'이라는 병 때문이었어요.

하지만 한쪽 팔을 쓰지 못하고 말하는 게 자유롭지 않다는 것 말고는 다른 아이들과 다를 게 없었어요. 다른 아이들이 두 팔

로 하는 일을 선호는 왼팔로 거뜬히 해냈지요.

　선호가 이렇게 많은 비장애아들 앞에 선 것은 처음이었어요. 지금까지는 늘 선호처럼 몸이 불편한 친구들과 함께 지내 왔지요. 엄마 아빠는 그런 선호를 설득해서 특수 학교에서 일반 초등학교로 전학을 시켰어요.

　'선호야, 세상에는 너처럼 몸이 불편한 사람보다 그렇지 않은 사람들이 더 많아. 네가 앞으로 세상 속에서 잘 어울려 살아가려면 그런 친구들과 어울리는 법도 알아 두어야 한단다.'

고개 숙인 선호의 귓가에 엄마의 말이 윙윙거리는 소음과 함께 들려오는 것 같았어요. 선호의 새로운 학교생활은 이렇게 시작되었지요.

"야, 외팔아! 그 점퍼 좀 벗어 봐."

"맞아. 우리한테 오른팔이 있다는 걸 증명하면 외팔이라고 안 부를게."

전학 온 지 한 달도 지나지 않아 몇몇 아이들은 선호를 '외팔이'라고 불렀어요. 어떤 아이들은 '아다다'라고 부르기도 했어요. 아다다는 긴장을 하면 말이 더 서툴러지는 바람에 생긴 별명이었지요.

선호는 이런 별명이 마음에 들지 않았어요. 전에 다니던 특수

학교에서는 누구도 이런 기분 나쁜 별명을 짓거나 부르지 않았어요.

"하지 마! 그러면 싫어!"

아이들이 놀릴 때마다 선호는 굳은 얼굴로 아빠가 가르쳐 준 대로 말했어요.

"쳇! 네가 녹음기냐? 만날 똑같은 말만 하게."

"맞아. 꼭 앵무새 같아."

사실 이렇게 선호를 놀리는 아이들은 몇몇에 지나지 않았어요. 대부분은 선호에게 별 관심을 두지 않거나, 불쌍한 아이라고만 생각했지요.

그러던 어느 날, 2학년 3반에 큰 사건이 일어났어요.

"히힛, 보인다, 보여."

"어디? 정말 있어?"

 수업 시간에 선호 뒤에 앉은 대진이와 우람이가 고개를 맞대고 속닥거리며 무슨 일을 벌이고 있었어요. 처음에는 무시하던 선호는 이상한 기분이 들었어요. 아이들이 자꾸만 자신의 오른쪽 어깨를 툭툭 건드렸기 때문이었어요. 뒤를 돌아본 선호가 왼손으로 오른쪽 어깨를 만져 보더니 자리에서 벌떡 일어났어요.
 "아아악!"
 선호는 교실이 떠나갈 듯 소리를 질렀어요. 그러고는 우람이 책상을 밀쳐 내고 씩씩거리며 밖으로 나가 버렸어요.
 "선호야, 유선호. 어디 가니? 어서 돌아와!"
 선생님이 교실 문을 열고 복도 끝으로 사라지는 선호를 향해 외쳤지만 소용없는 일이었어요.
 "대체 무슨 일이니?"
 선생님이 아이들을 향해 물었어요.

그러자 깜짝 놀란 아이들 틈에서 얼굴이 하얗게 질린 유진이가 머뭇거리며 말했어요.

"대진이랑 우람이가……, 가위로 선호 옷에 구멍을 냈어요."

"뭐? 그게 정말이야?"

선생님과 아이들의 시선이 대진이와 우람이의 얼굴로 모여들었어요.

"진짜 오른팔이 있는지 알고 싶어서……."

두려움이 가득한 얼굴로 대진이가 말했어요.

그 다음 날, 선생님은 대진이와 우람이를 데리고 선호네 집으로 찾아갔어요. 하지만 선호는 방에서 나오지 않았어요.

대진이와 우람이는 방 밖에서 선호에게 미안하다는 말을 건넨 뒤 돌아가야 했어요.

그 일이 있고 난 뒤, 선호는 일주일이 넘게 학교에 나오지 않았어요. 화가 난 선호의 마음이 풀리기까지 오랜 시간이 필요했던 거예요.

그리고 그동안 선호네 반에서도 의미 있는 일이 일어났어요. 아이들이 스스로 선호를 위한 회의를 열었지요.

"앞으로는 선호를 이상한 별명으로 부르지 않았으면 해요."

"맞아요. 그리고 발음이 이상하다고 놀리지도 않았으면 좋겠어요."

몇몇 아이들은 그동안 반 친구들 앞에서 선호를 놀렸던 것을 반성하겠다고 말하기도 했어요. 또 다른 친구들은 이번 일로 선호에게 무관심했던 자신을 돌아보게 되었다고 말했어요.

"우리들이 조금만 신경을 쓰면 선호가 학교생활에 잘 적응하도록 도와줄 수 있을 거예요."

"맞아요. 제가 어린이 신문에서 본 적이 있는데 몸이 불편한 친구가 있는 다른 학교에서는 반 아이들이 조를 짜서 그 친구를 도와준대요."

아이들은 선호를 돕기 위해 활발하게 의견을 나누었어요. 그리고 선호가 다시 학교에 나오던 날, 아이들의 계획이 실천에 옮

겨졌지요.

"선호야, 안녕?"

선호는 반 아이들이 달라졌다고 느꼈어요. 친구들은 선호와 눈이 마주치기도 전에 먼저 다정하게 인사를 건넸어요.

"내가 도와줄게."

선호가 도움을 청하지 않아도 너도나도 선호를 위해 팔을 걷고 나섰어요. 아이들은 조를 짜서 일주일씩 돌아가며 선호가 해야 할 일들을 대신해 주었어요.

"선호야, 잠깐만 기다려. 오늘은 내가 네 점심시간 도우미야."

유리가 선호 책상 위에 점심밥이 담긴 식판을 날라 주었어요. 그리고 선호가 식사를 마치자 얼른 빈 식판을 치워 주었지요. 선호가 괜찮다고 해도 막무가내였어요.

"선호 대신 청소할 사람이 누구지?"

"나야! 선호야, 넌 그냥 가면 돼. 내가 대신할 거니까."

희수가 큰 소리로 외쳤어요.

선호는 학교에서 할 일이 아무것도 없었어요. 점심시간 배식 당번도, 청소 당번도, 특별 활동실 정리도 선호 대신 반 친구들이 나서서 해 주었어요. 선호는 친구들이 무척 고마웠어요. 자신에게 친절하게 대해 주는 것도, 무엇이든 도와주려 애쓰는 것도 미안하고 고마웠지요.

그런데 이상한 일이었어요.

일 주, 이 주, 삼 주가 지나면서 선호는 학교생활이 조금씩 답답해졌어요. 친구들은 여전히 친절했지만 선호는 그런 친구들이 조금씩 불편하게 느껴졌어요.

몸에 맞지 않는 옷을 입고 있는 것처럼 답답하고, 하루가 너무 길고 지루하게 느껴졌어요. 선호는 학교생활이 점점 재미없어졌어요.

"선호야, 요즘 친구들하고는 어때? 여전히 잘 지내니?"

한동안 밝고 명랑한 선호의 모습에 마음을 놓았던 아빠는 요즘 들어 선호가 이상하다고 생각하며 물었어요.

"아빠, 학교가기 시, 싫어요. 답답해. 애들이 아무것도 못하게 해요."

아빠는 선호의 이야기를 귀 기울여 들어 주었어요. 그리고 선호가 왜 다시 시무룩해졌는지 금방 알게 되었지요.

"음, 아빠에게 좋은 생각이 있어. 이렇게 해 보는 건 어떨까?"

다음 날부터 선호는 조금 서둘러 학교에 갔어요. 그러고는 아빠가 가르쳐 준 대로 해 보았어요. 그러자 신기하게도 학교 가는 것이 점점 신이 났어요.

그즈음 선호네 반에서 이상한 일이 일어났어요.

"누가 신발장을 거울처럼 반짝거리게 닦아 놓았니? 어제 청소 당번이 그랬니?"

"아니요."

"그래? 그럼 청소부 아주머님이 하셨나 보구나."

얼마 뒤, 창틀에서 작고 예쁜 화분도 발견되었어요. 또 며칠 뒤 아침에는 깔끔하게 새로 단장된 사물함이 아이들 눈에 들어왔지요.

"선생님, 사물함 이름표가 달라졌어요."

"정말 그러네. 누가 이렇게 우렁이 각시같이 예쁜 일을 했을까?"

선생님과 아이들은 시간이 지날수록 반을 위해 봉사하는 보이

지 않는 우렁이 각시가 누구인지 궁금했어요. 그리고 얼마 지나지 않아 그 비밀이 밝혀졌어요.

어느 날, 학교에서 '나'를 주제로 발표하는 시간이었어요.
"자, 이번에는 누가 발표를 해 볼까?"
아이들을 둘러보는 선생님의 눈에 고개를 숙이고 손을 들까 말까 망설이는 선호의 모습이 들어왔어요.
"유선호, 선호가 앞으로 나와서 발표해 보자."
망설이던 모습과 달리 선호는 많은 준비를 해 왔어요. 선호는 커다란 사진을 한 장 한 장 넘겨 가며 천천히 이야기를 시작했어요.
"이건 내가 세, 세 살 때 사진이야. 이, 이때는 내가 수술을 받기 전이라 두 팔이 말짱했어. 하지만 나는 두 팔로 할 수 있는 게 별로 없었어. 기어 다니고 바, 밥을 흘리고 장난감을 가지고 노는 게 전부였지."
선호의 이야기는 계속되었어요. 곧 새로운 사진이 아이들 앞에 펼쳐졌어요.
"어! 저건 우리 창틀에 있는 화분 아니야?"
"저건 우리 사물함 새 이름표야!"
"우렁이 각시가 선호였어?"

사진 속에는 친구들의 신발장을 청소하는 선호, 작은 꽃 화분을 손에 든 선호, 색도화지를 잘라 친구들의 예쁜 이름표를 만드는 선호가 있었어요.

"나, 나는 비록 한쪽 팔밖에 쓰지 못하지만 우, 우리 반을 위해서 하고 싶은 일이 참 많아. 내가 멋진 왼팔로 내 일을 스, 스스로 하고 친구들을 위해서 봉사할 수 있도록 도와주지 않을래?"

선호의 발표가 끝나자 교실은 아이들의 박수 소리로 가득 채워졌답니다.

몸이 불편한 친구와 진짜 친구 되기

반 친구들은 몸이 불편한 선호가 무엇을 하든 나서서 도와주었어. 그런데 선호는 이런 아이들의 도움이 마냥 좋기만 한 것은 아니었어. 선호는 혼자서도 잘할 수 있었거든. 반을 위해 남몰래 봉사하면서 선호는 학교 가는 게 점점 더 즐거워졌지. 자기가 반을 위해 할 수 있는 일이 정말 많았기 때문이야.

01 친구들이 모든 일을 대신해 줄 때 선호의 기분은 어땠을까요?
선호를 위한 진정한 배려는 무엇일까요?

02 선호처럼 몸이 불편한 친구를 어떻게 대할지 생각해 볼까요?

노지영 글 * 문채빈 그림

남자 일, 여자 일이 따로 있을까요?

아빠표 떡볶이

내 이름은 오미주, 백마 초등학교 2학년 2반이야.

친구들은 나를 오미자라고 불러. 오미자는 나무 이름이라는데, 한 번도 본 적은 없어. 아마 나를 오미자라고 놀리는 친구들도 실제로 이 나무를 본 적은 없을걸. 예쁜 나무인지 미운 나무인지 모르니까 친구들이 놀려도 기분 나쁘지는 않아.

나는 요즘 사는 게 힘들어. 고민이 아주 많아. 어른들은 열 살이 무슨 고민이 있겠냐고 하겠지만, 내가 도저히 해결할 수 없는 고민이 하나 있어. 그건 바로 내가 여자로 태어났다는 거야.

1학년 때까지만 해도 이런 고민을 하지 않았어. 그런데 올해부

터 심각해졌지. 멀리 떨어져 사시던 할머니가 우리와 함께 살게 되면서부터야.

우리 할머니는 오빠만 좋아해. 아니, 남자만 좋아한다는 게 더 맞는 말일 거야. 우리 집에 남자는 오빠와 아빠가 있는데, 할머니는 나나 엄마보다 오빠랑 아빠를 더 좋아해.

혹시 내가 오해하는 건 아니냐고? 천만에! 며칠 전에 이런 사건이 있었다니까!

"미균아, 미주야, 저녁 먹자."

할머니가 오빠와 나를 부르셨어. 그날은 아빠와 엄마가 회사에 일이 있어 늦게 오시는 날이었어. 우리 엄마와 아빠는 맞벌이를 하시거든.

오빠와 나는 식탁에 앉았어. 내가 좋아하는 굴비 반찬에 벌써부터 군침이 돌았어. 그런데 내 밥이 없는 거야. 오빠 앞에는 김이 모락모락 나는 밥이 놓여 있는데 말이야!

"할머니, 저도 밥 주세요."

내가 말했어.

"미주야, 네 밥은 네가 퍼서 먹어라."

"왜요? 오빠는 할머니가 퍼 주셨잖아요."

"여자가 자기 밥은 자기가 차려 먹을 줄 알아야지. 너도 이제 다 컸으니까 그 정도는 할 줄 알아야 해."

태어나서 처음 듣는 말이었어. 나는 기분이 약간 나빴지만 할머니 말씀대로 주걱을 들고 밥솥으로 갔어.

"할머니 밥도 제가 풀까요?"

"아니다, 나는 너희가 다 먹으면 나중에 먹으련다."

나는 할머니가 배가 고프지 않으신 줄 알았어. 나중에 알았지만, 그건 내 착각이었지. 할머니는 오빠를 챙겨 주려고 식사를 안 하셨던 거야.

나는 밥을 먹으려고 수저를 들었어. 그런데 할머니는 또 내 기분을 상하게 했어. 할머니가 젓가락으로 굴비 살을 발라 오빠 수저 위에 올려놓으시는 거야. 그것도 아주 큼지막한 걸로!

나는 아직 젓가락질을 잘 못해. 그래서 생선 가시 바르는 것이 나눗셈 문제를 푸는 것보다 더 힘들단 말이야. 그런데도 할머니는 나는 신경도 쓰지 않고, 오빠에게만 생선을 발라 주시는 거야. 나는 목에 가시가 걸릴까 봐 굴비를 제대로 먹지도 못했어.

"칫! 할머니 미워! 오빠만 좋아해!"

난 화가 나서 입술을 뾰루퉁 내밀었어. 입술을 얼마나 길게 내밀었는지 옷을 걸어도 될 지경이었지. 그런데도 할머니는 내 말은 들은 척 만 척 대꾸도 하지 않으셨어.

나는 저녁을 대충 먹고 거실에 있는 소파에 앉았어. 내가 좋아하는 프로그램을 보려고 텔레비전을 켰지. 그런데 오빠가 리

모컨을 가져가면서 이러는 거야.

"시시하게 그게 뭐냐! 다른 거 보자."

"난 저거 보기 싫거든!"

난 오빠의 손에서 리모컨을 확 잡아챘어. 그러자 오빠도 참지 않고 내 손에서 리모컨을 다시 뺏어갔어.

"내가 먼저 틀었어! 내 거야!"

"이리 안 내놔! 내가 오빠잖아!"

우리 둘은 리모컨을 뺏기지 않으려고 소파에서 서로 밀고 당겼어. 그러다가 그만 철썩, 하고 오빠가 내 뺨을 때렸어. 얼굴이 화끈 달아올랐어. 가만히 참고 있을 내가 아니지. 나는 벌떡 일어나 오빠의 옆구리를 걷어찼어.

"아야!"

오빠가 비명을 질렀어. 그래도 나는 분이 풀리지 않아 씩씩거렸어.

"이게 무슨 짓이야!"

주방에서 설거지를 하시던 할머니가 달려 나왔어.

"여자애가 왜 이렇게 목소리가 크고 힘이 세니? 아주 오빠를 이겨 먹으려고 하네!"

할머니는 오빠보다 나를 먼저 혼내셨어. 오빠가 다치지 않았는지는 살펴보면서도 오빠한테 맞은 내 뺨은 거들떠보지도 않으셨어.

"할머니, 오빠가 먼저 때렸다니까요!"
"아니에요. 미주 혼내 주세요. 회초리로 때려 주세요!"
오빠는 아예 할머니에게 회초리를 들이밀며 말했어. 난 오빠도 밉고, 할머니도 미웠어. 얼굴이 빨갛게 달아오르고, 눈에서 눈물이 뚝뚝 떨어졌어.
"나갈 거야! 나가 버릴 거야!"
난 쾅쾅 발소리를 내며 현관으로 갔어. 그리고 아파트 밖으로 나와 버렸어. 분하고 속이 상해 견딜 수가 없었어.

내가 오빠보다 못난 건 없어. 오히려 내가 공부도 더 잘하고, 피아노도 더 잘 치고, 학교에서 상도 내가 더 많이 받았어. 오빠와 내가 다른 점이 있다면 오빠는 남자고, 나는 여자라는 것뿐이야. 남자가 그렇게 대단한 거야? 그래서 똑같이 잘못을 해도 여자가 더 혼나야 하는 거야? 너무 억울해.

나는 아파트 앞 벤치에 쪼그리고 앉았어. 바람이 차가워서 몸이 오들오들 떨렸어. 그렇지만 집에 들어가고 싶지는 않았어.

가로등 밑에서 발걸음 소리가 났어. 누군가 비닐봉지를 들고 걸어오고 있었어. 엄마였어. 엄마가 퇴근하는 길이었어.

"엄마!"

나는 달려가 엄마 품에 안겼어. 평소보다 엄마가 훨씬 더 반가웠어. 나는 엄마를 붙잡고 할머니랑 있었던 일을 다 말하고 싶었지만 엄마는 내 마음을 몰랐나 봐.

"여기서 뭐 하니? 어서 들어가

자. 너무 늦었다고 할머니께서 뭐라 하시겠어."

엄마는 서둘러 아파트 안으로 걸어 들어갔어. 난 어깨를 축 늘어뜨리고 엄마를 따라갈 수밖에 없었어. 오빠가 또 뭐라고 나를 놀릴지 생각하니, 발이 떨어지지 않았어.

우리 엄마는 항상 바빠. 새벽부터 밤늦게까지 엄마는 잠시도 쉰 적이 없어. 일요일이면 아빠는 늦잠을 자는데, 엄마는 밀린 집안일을 하느라 쉴 틈이 없어. 쌓인 빨래도 하고, 한 주 동안 먹을 밑반찬도 만들고, 구석구석 집 청소도 해. 그리고 틈틈이 오빠와 나의 숙제와 공부도 봐 줘.

나는 내 속마음을 말하고 싶은데, 엄마랑 단둘이 얘기할 시간이 별로 없어. 같은 집에 살지만, 엄마 얼굴을 보는 시간보다 텔레비전을 보는 시간이 더 많아.

그날 밤, 엄마는 마루에서 빨래를 개고 있었어. 난 엄마 옆에서 일기를 쓰는 중이었어. 할머니한테 여자라서 혼났다는 얘기를 쓸까 말까 망설이다가 엄마를 빤히 쳐다봤어. 엄마는 몹시 피곤한 얼굴이었어.

"엄마, 왜 날 여자로 낳았어?"

"갑자기 무슨 말이야?"

엄마가 졸린 목소리로 대답했어.

"여자라서 할머니한테 혼났단 말이야."
 난 엄마한테 저녁 시간에 벌어졌던 일을 모두 말했어. 고자질은 나쁜 것인 줄 알지만, 그래도 참을 수가 없었어. 엄마는 여자니까 내 편일 거라고 믿었지.
 그런데 엄마는 아무 말도 하지 않았어. 할머니가 잘못했다는 말도, 오빠가 잘못했다는 말도 하지 않았고, 내 편을 들어주지도 않았어. 그냥 웃는 듯 마는 듯 고개를 끄덕일 뿐이었어.
 "엄마, 난 나중에 커서 결혼 안 할 거야. 결혼해 봐야 엄마처럼 날마다 힘들게 일만 하면서 살 것 같아."
 아차! 이 말을 내뱉고 실수했다는 걸 깨달았어. 엄마 마음을 아프게 하는 말이잖아.

하지만 엄마는 가만히 내 머리를 쓰다듬어 주었어. 나를 혼내지도 않았고, 다른 말을 꺼내지도 않았어. 엄마는 그냥 미소를 지었어. 그런데 그 미소가 너무나 슬프고 쓸쓸해 보였어. 겨울나무에서 막 떨어지려는 나뭇잎 같았어.

"딩동 딩동."

일요일 오후, 인터폰이 울렸어. 어떤 아저씨가 현관 앞에 그릇을 들고 서 있었어.

"누구세요?"

"부모님 계시니?"

엄마와 아빠가 현관으로 나왔어. 아저씨는 부모님에게 그릇을 건네주었어, 뚜껑을 열어 보니 내가 좋아하는 시루떡이 들어 있었지.

"옆집에 새로 이사 왔습니다. 앞으로 잘 부탁 드립니다."

난 그제야 아저씨가 누군지 알게 되었지.

"이웃사촌이라는 말도 있는데 앞으로 친하게 지냈으면 합니다. 오늘 저녁에 저희 집에서 저녁 식사라도 같이 하는 게 어떻겠습니까?"

옆집 아저씨의 말에 아빠는 기분 좋게 대답했어.

"그러지요. 제가 시원한 맥주 몇 병 갖고 가겠습니다."

　그렇게 우리는 갑자기 초대를 받아 옆집으로 가게 되었어. 할머니는 불편하시다면서 집에 남아 계시겠다고 했어.

　옆집에 가 본 건 처음이야. 예전에 살던 옆집 사람들하고는 그다지 친하게 지내지 않았거든. 아파트 모양은 똑같았는데, 가구와 벽지 때문인지 분위기가 많이 달랐어. 옆집에는 나랑 동갑인 남자아이가 있었어. 이름은 강호석이라는데, 월요일부터 내가 다니는 초등학교로 전학을 온다고 했어.

　"미주라고 했지? 우리 호석이 잘 부탁한다."

　옆집 아주머니가 나한테 말했어. 부탁한다는 말에 기분이 좋아졌지.

　우리는 식탁에 둘러앉았어. 저녁 메뉴는 샤브샤브였어. 그런데 가만히 보니까 참 이상한 게 있었어. 옆집 아주머니보다 아저씨가 훨씬 바쁘게 움직이는 거야. 부엌에서 채소를 씻고, 그릇을 가져오고, 김치를 썰어 오는 걸 다 아저씨가 하지 뭐야.

　게다가 옆집 아저씨는 앞치마까지 두르고 있었어. 그것도 예쁜 곰이 그려진 빨간 앞치마였지. 난 남자가 앞치마를 두른 모습은 처음 봤어.

　"앞치마가 너무 잘 어울리세요!"

　엄마가 옆집 아저씨를 칭찬했어. 엄마도 내 마음과 같았나 봐. 하하하, 하고 아저씨는 목젖이 보일 만큼 크게 웃으면서 말했어.

"제가 주부라서요."

"아저씨가요?"

나는 신기해서 눈을 동그랗게 뜨고 물었어. 그러자 옆집 아주머니가 대신 대답했어.

"우리 집은 내가 회사에 다니고, 아저씨가 집안일을 한단다. 빨래, 청소, 집 안 정리 등등 아저씨는 못하는 게 없어. 음식도 나보다 아저씨가 훨씬 잘 만들어."

옆집 아저씨는 여전히 싱글벙글 웃기만 했어. 난 아저씨의 솜씨가 궁금해서 물었어.

"아저씨는 무슨 반찬을 제일 잘하세요? 정말 집안일 하는 게 좋으세요?"

"물론이지. 이 김치도 내가 담근 거고, 미역국도 내가 끓인 거고, 나물도 내가 무친 거란다."

옆집 아저씨는 쉬지 않고 자랑을 늘어놓았어. 요리 솜씨가 좋다더니, 아저씨가 만든 샤브샤브는 무척 맛있었어. 우리 가족은 옆집이 신기하기도 하고, 재미있기도 해서 깔깔깔 쉴 새 없이 웃었어. 너무 웃어서 배가 아플 지경이었어.

시원한 수박이 쩍, 소리를 내며 갈라졌어. 우리는 거실에 앉아 수박을 먹었지.

"짝꿍! 내가 접시 가져올게."

"짝꿍, 행주가 어디 있더라?"

옆집 아저씨는 옆집 아주머니를 '짝꿍'이라고 불렀어.

"호석이 엄마라고 안 부르세요? 왜 짝꿍이라고 부르세요?"

아빠가 수박씨를 뱉으면서 어색하게 물었어.

"우리는 서로를 존중하며 평생을 함께 살아가는 단짝이니까요."

옆집 아저씨가 말했어.

"우리 집이랑 너무 달라요. 우리 집은 여자가 하는 일이랑 남자가 하는 일이 달라요. 우리 할머니는 남자가 부엌에서 일을 하면 고추가 떨어진대요."

푸핫, 하고 옆집 아저씨와 호석이가 웃었어. 호석이 입에서 수박씨가 튀어나왔어.

"우리 집은 여자와 남자가 하는 일이 서로 다르지 않아. 아빠가 '난 남자니까', '여자가 어딜 감히' 같은 말은 절대 쓰지 말라고 그랬어. 남자와 여자는 평등하니까 하는 일도 다르면 안 되잖아."

호석이의 말에 오빠와 나, 엄마와 아빠는 서로의 얼굴을 바라보았어. 우리도 그렇게 할 수 있을까, 하는 눈빛이 서로 오갔어.

호석이네 집과 알게 된 지 한 달이 지났어. 그 사이에 호석이

는 우리 반으로 전학을 왔고, 우리는 단짝처럼 붙어 다녔어. 학교 갈 때도 같이 가고, 집에 올 때도 같이 왔지.

"호석이네 집은 서로 싸우는 걸 못 봤어요."

엄마는 호석이네가 부러운지 이따금 아빠에게 말했어.

"우리 집도 호석이네처럼 남자도 집안일을 했으면 좋겠어요."

나도 가끔씩 이렇게 말하곤 했어. 그럴 때마다 아빠는 헛기침을 했어. 아빠도 왠지 미안해하는 얼굴이었어.

나는 가끔 호석이네 집에 가서 간식을 얻어먹고는 했어. 호석이네 아빠가 만들어 준 오징어 튀김이나 피자 빵은 바삭하고 고소한 게 사 먹는 것보다 훨씬 맛있었어. 그런데 오징어 튀김이나 피자 빵과는 비교가 안 될 만큼 부러운 일이 벌어졌어.

학교에서 점심 급식을 하는 날이었어. 급식을 우리 힘으로 하기에는 힘들고 서투르니까, 점심시간마다 엄마들 두세 분이 와서 도와주지. 그런데 우리 엄마는 직장에 다니느라 한 번도 오지 못했어. 그래서 난 항상 다른 친구들이 부러웠어.

"와! 남자다! 아저씨다!"

아이들이 복도로 머리를 내밀고 소리쳤어. 급식 차를 끌고 교실로 들어온 사람은 다름 아닌 호석이네 아빠였어. 예쁜 곰이 그려진 빨간 앞치마를 두르고서 말이야.

선생님도, 아이들도 호석이네 아빠를 신기하게 쳐다보았어.

"맛있게 많이 먹어라!"

호석이네 아빠는 싱글벙글 웃으며 내 식판에 치킨을 올려 주었어. 난 호석이를 향해 엄지를 추켜세웠어. 호석이도 무척 좋아하는 표정이었어.

점심시간이 끝날 때쯤, 선생님은 칠판에 줄 두 개를 그었어.

二

"여러분 양성평등이란 말을 들어 봤나요? 선생님은 오늘 호석이 아버님을 보고 양성평등이 어떤 것인지 새삼스럽게 깨닫게 되었어요. 남자와 여자는 서로 평등한 거예요. 남자가 하는 일이 따로 있고, 여자가 하는 일이 따로 있는 게 아니지요. 그래서 선생님은 양성평등은 수학 기호 '='와 같다고 생각해요."

우리는 고개를 끄덕였어.

"오늘 양성평등을 몸소 보여 주신 호석이 아버님께 모두 박수!"

선생님의 말씀에 따라 우리는 힘껏 손뼉을 쳤어. 호석이와 호석이 아빠는 쑥스러운 듯 웃었어. 난 그런 호석이네 가족이 너무나 부러웠어.

그날 밤, 나는 집으로 돌아와 아빠에게 편지를 썼어.

> 사랑하는 아빠!
> 저에게 소원이 있어요. 아빠만이 내 소원을 들어줄 수 있어요.
> 급식하는 날, 아빠가 우리 반에 와 주면 좋겠어요.
> 아빠가 국도 푸고, 밥도 푸고, 반찬도 나눠 주면 좋겠어요.
> 아빠, 내 소원 들어주실 거예요?

나는 아빠의 양복 주머니에 몰래 편지를 넣어 놓았어.

사흘 후 점심시간이었어. 아이들이 복도를 보며 소리쳤어.

"또 남자가 왔어! 또 아저씨가 왔어!"

급식 차를 끌고 교실에 들어선 남자는 바로 우리 아빠였어. 아빠가 앞치마를 두르고 나타난 거야. 난 입이 다물어지지 않았어. 아빠는 나를 보고 어색했는지 쑥스럽게 웃었어.

선생님은 아빠에게 배식하는 방법을 알려 주셨어. 아빠는 선생님에게 배운 대로 우리들에게 국이랑 반찬을 나눠 주었어. 이번에는 호석이가 나를 향해 엄지를 추켜세웠어.

"어서 오세요!"

엄마가 현관문을 열며 인사했어.

일요일 오후, 아빠가 호석이네를 초대한 거야. 오늘 아주 특별한 메뉴를 준비했거든. 바로 '아빠표 평등 떡볶이'야.

"우리 아빠가 처음 만든 떡볶이예요!"

나는 신이 나서 자랑을 했어.

"이게 다 호석이 아빠에게 배운 거야. 맛이 있으려나 모르겠네."

아빠가 큰 솥 하나 가득 만든 떡볶이를 내오면서 말했어.

"앞으로 주말마다 아빠가 떡볶이를 만들어 주겠다고 약속했어!"

나는 호석이에게 자랑을 늘어놓았어.

"할머니, 고추 안 떨어지니까 걱정 마세요! 남자 일 따로, 여자 일 따로 있는 건 아니래요!"

내 말에 사람들은 배를 잡고 웃었어. 할머니도 어쩐 일인지 고개를 끄덕이셨어.

너희도 아빠표 떡볶이 먹어 볼래? 입에 넣기만 하면 웃음이 터져 나올걸!

다르지 않은 남자 일, 여자 일

미주는 오빠만 좋아하는 할머니 때문에 고민이 많아. 그러던 어느 날 옆집에 새로운 가족이 이사를 왔어. 자기 집과 전혀 다른 호석이네 가족이 미주는 신기해 보였지. 게다가 하루는 호석이네 아빠가 급식을 도와주러 학교에 온 거야. 호석이가 정말 부러웠던 미주는 아빠에게 살짝 부탁을 했어. 아빠의 달라진 모습에 미주는 신이 났지. 이제부터 주말 간식은 아빠 담당이야!

01 남자라서 할 수 없었던 일이 있나요? 혹은 남자니까 해야 했던 일이 있나요? 그런 경험이 있다면 적어 보세요.

02 여자라서 할 수 없었던 일이 있나요? 혹은 여자니까 해야 했던 일이 있나요? 그런 경험이 있다면 적어 보세요.

03 미주 할머니께 어떤 말씀을 드리고 싶나요? 상상해서 적어 보세요.

서지원 글 * 송혜선 그림

어린이의 의견도 존중해 주세요

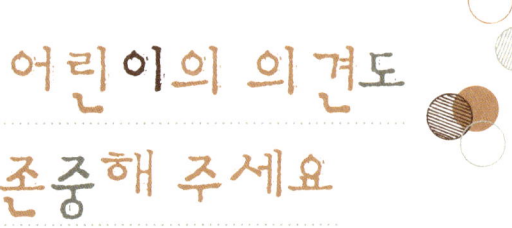

어려서 아무것도 모른다고?

나는 초등학교 3학년이에요. 요즘 나는 수학 학원과 논술 학원, 피아노 학원에 다녀요.

사실 피아노 학원은 재미없어요. 한 시간 동안 똑같은 곡을 동당동당 반복해서 치는 게 얼마나 지겹다고요. 엄마한테 피아노 학원 다니기 싫다고 떼도 써 보았어요. 그런데 엄마는 '요새 아이들에게 피아노는 기본' 이라는 거예요.

"피아노도 못 치는 애가 어디 있니? 피아노는 기본이야, 기본."

"피아노 말고 미술을 배우면 안 돼?"

"미술 학원은 유치원 애들이나 다니는 거야. 까불지 말고 엄마가 하라는 대로 해."

휴……. 우리 엄마, 정말 말이 안 통하지요? 남들이 다 한다고 해서, 나도 해야만 하는 건 아니잖아요. 사람은 저마다 좋아하는 것도 다르고, 하고 싶은 것도 다르니까요. 하지만 어쩔 수 없이 엄마가 하라는 대로 피아노 학원에 다니고 있어요.

그런데 말이에요. 요즘 피아노 학원 가는 게 조금씩 좋아지고 있어요. 바로 동훈이 때문이에요. 동훈이는 우리 학원에서 피아노를 가장 잘 쳐요. 얼굴도 하얗고 옷도 언제나 깔끔하게 입어요. 연습하기 싫다고 꾀 피우는 다른 남자애들하고는 달라요. 동훈이는 선생님이 스무 번 연습해 오라고 하면 항상 그보다 많이 연습해 온대요. 동훈이는 나중에 훌륭한 피아니스트가 될 것 같아요. 짐작했겠지만 사실 나는 동훈이를 많이 좋아한답니다. 비록 짝사랑이지만요.

오늘 학교에서 있었던 일이에요.

수학 시간이었는데, 교실 창가 쪽에 앉은 누군가 말했어요.

"와! 눈이다!"

그러자 아이들이 하나둘 창 쪽으로 목을 길게 뺐어요. 몇몇 아이들은 아예 의자를 밀고 일어나 창가로 달려갔지요.

"모두 자리에 앉아!"

"선생님! 첫눈 오니까 첫사랑 얘기 해 주세요!"

반에서 키가 제일 큰 병수가 외쳤어요.

내 생각에도 오늘 같은 날에는 좀 까불어도 괜찮을 것 같아요. 왜냐하면, 첫눈이 내리니까요. 다른 아이들도 나랑 똑같은 생각을 했나 봐요. 다들 손뼉까지 치면서 "첫사랑! 첫사랑!" 하고 외쳤어요.

"너희가 사랑이 뭔지는 아니?"

선생님 말씀에 교실 안이 순간 조용해졌어요. 바로 그때, 나도 모르게 말해 버렸어요.

"알아요."

동훈이 생각하며 혼잣말한다는 것이 그만, 입 밖으로 소리가 난 거예요. 아이들이 킥킥댔어요.

"조그만 녀석이, 벌써부터 무슨 사랑 타령이야?"

나는 얼굴이 빨개졌어요.

"너희가 연예인 좋아하고, 이성 친구도 사귀고 싶어 하고 그러는 건 선생님도 알고 있어. 그런데 그건 진짜 사랑이 아니야."

어쩜 선생님은 저렇게 말씀하실까요? 나는 선생님 말씀이 이해가 안 갔어요.

"너희, 지금 누군가를 좋아하는 마음이 사랑인 것 같니?"

나는 '물론이에요!' 하고 외치고 싶었지만 이번엔 잠자코 있었어요. 선생님은 고개를 가로젓더니 지휘봉으로 교탁을 탁탁 내리치셨어요. 그리고 한마디

덧붙이셨지요.

"너희는 사랑을 알기엔 너무 어려."

'선생님은 아무것도 몰라. 내가 동훈이를 얼마나 좋아하는데.'

선생님은 왜 우리가 사랑을 모른다고 생각할까요? 어리다고 감정이 없는 게 아닌데 말이에요. 나도 좋아하는 게 있고, 싫어하는 게 있어요. 좋아하는 사람도 있고, 싫어하는 사람도 있다고요. 왜 어른들은 이런 우리의 마음을 무시하는 걸까요? 아니, 어른들은 자신들이 우리를 무시하고 있다는 걸 알기나 할까요?

학교가 끝나고 피아노 학원에 갔어요. 연습실에서 열심히 바이엘을 치고 있는데, 원장 선생님이 모두 모이라고 하셨어요. 원장 선생님 방에는 연습실에 있는 낡은 검정색 피아노와 비교

도 안 되는 멋진 피아노가 있어요. 평소에는 아무나 손대지 못하고 특별한 날에만 연주하는 하얀색 그랜드 피아노예요.

"동훈이가 우리 학원 대표로 이번 콩쿠르에 나갈 거예요. 그동안 연습을 많이 했으니, 다 같이 감상해 봅시다."

동훈이가 그랜드 피아노 앞에 앉았어요. 그리고 건반 위에 가만히 손을 얹더니 연주를 시작했어요. 그동안 동훈이가 연습하던 곡이에요. 손가락이 건반 위를 빠르게 움직였어요. 열어젖힌 피아노 뚜껑 아래로 나무 막대기들이 올라갔다 내려갔다 해요. 오늘따라 동훈이가 더 특별해 보였어요. 괜히 나까지 우쭐해지는 것 같았지요.

"3학년 친구들은 동훈이 응원도 하고, 콩쿠르 구경도 할 겸 이번 콩쿠르에 같이 가자."

원장 선생님이 말씀하셨어요.

"네!"

나는 기쁜 목소리로 대답했어요. 마침 좋은 생각도 떠올랐어요.

'그날 동훈이에게 꽃다발을 줘야지. 그리고 좋아한다고 고백도 해야지!'

벌써부터 그날이 기대되어 가슴이 콩닥거렸어요.

학원에 갔다 와서 저녁을 먹고, 나는 마루에 누워 텔레비전을 보았어요. 마침 내가 좋아하는 가수가 나왔어요. 노래 제목이 '고백할 테야'래요. 정말 내 마음이랑 딱 맞는 노래 가사지 뭐예요.

그때 아빠가 퇴근하고 집에 돌아왔어요. 나는 아빠한테 달려가 인사를 했어요. 아빠가 옷을 갈아입으러 방으로 들어가자, 나는 냉큼 제자리로 돌아가 텔레비전에 열중했어요.

'넌 짐작도 못하겠지. 두근거리는 내 마음을. 이제 네게 고백할 테야.'

텔레비전 속 가수의 애절한 눈빛과 목소리에 내 마음도 덩달아 슬퍼지는 것 같았어요. 그런데 갑자기.

"삑삑."

텔레비전 화면에서 내가 보던 프로그램 대신 스포츠 뉴스가 나오는 거예요.

"우리나라 축구 국가 대표팀의 간판 선수 나대로가 경기 후반 40분에 골을 넣어……."

고개를 돌려 보니, 역시나 범인은 아빠였어요.

"아빠!"

"왜."

아빠는 태연한 목소리로 텔레비전에서 눈도 떼지 않은 채 말했어요.

"왜 아빠는 만날 아빠가 보고 싶은 것만 봐?"

"우리 집에서 제일 어른이니까."

"나 다른 거 보고 있었단 말이야."

"어서 씻고 잠이나 자."

아빠도 텔레비전 채널을 뺏기기 싫은 게 분명해요. 그래서 나더러 잠이나 자라는 거예요. 만약에 아빠가 스포츠 뉴스를 보고 있는데, 내가 맘대로 채널을 바꿨으면 어땠을까요? 아빠는 분명 나보다 더 화를 냈을 거예요.

"엄마, 아빠가 있잖아……."

나는 엄마가 내 편을 들어주길 기대했어요. 그런데 웬걸요. 엄마의 대답이란.

"너, 얼른 방에 들어가서 숙제나 해. 무슨 애가 만날 텔레비전이니?"

이럴 수가.

"오늘, 숙제 없단 말이야!"

나는 방문을 쾅 닫았어요.

방에서는 네 살짜리 동생 영민이가 자고 있었어요.

나는 영민이가 깨지 않게 조심조심 비밀 일기장을 꺼냈어요.

'아빠도 엄마도 내 생각이나 감정에는 관심도 없다. 선생님도 마찬가지다. 어른들은 우리를 왜 무시할까? 어른이나 아이나 똑같이 존중받아야 하는 거 아닌가?'

이렇게 쓰고 일기장을 덮었어요. 그리고 저금통을 털어 동전을 세 보았어요. 모두 칠천 삼백 원이에요. 이 정도면 괜찮은 꽃다발이랑 예쁜 카드를 살 수 있겠어요. 카드에는 뭐라고 쓸까요? 나는 다시 비밀 일기장을 펼쳤어요.

'동훈아. 너, 피아노 참 잘 치더라. 멋졌어.'

그러고는 한참을 고민하다 덧붙였어요.

'그리고 나 너 좋아해.'

고민 끝에 쓴 말인데, 너무 유치한 것 같아요. 뭐 더 멋진 말이 없을까요? 그때 영민이가 잠에서 깼는지 엄마를 찾으며 일어났어요. 그런데 그만 방바닥에 있던 장난감 자동차를 밟고 꽈당 미끄러지고 말았어요.

"으앙!"

영민이 울음소리가 사이렌처럼 터져 나왔어요.

"영민아, 괜찮아?"

내가 영민이를 달래려고 다가간 순간, 엄마가 방문을 확 열었어요. 그러고는 엉엉 울고 있는 영민이를 보았지요.

"왜 동생을 울리고 그러니! 누나가 동생을 잘 돌봐야지!"

"내가 그런 게 아니야. 혼자 넘어져서 우는 거야."

영민이는 엄마를 보자 더 소리 높여 울었어요.

"그러니까, 왜 동생이 혼자 넘어지게 됐어. 동생 잘 데리고

놀아야 할 거 아니야!"

나참, 기가 막혔어요. 내가 넘어지라고 한 것도 아닌데. 나도 나쁜 누나가 될 생각은 없다고요.

"내가 그런 게 아니라니까."

나는 눈을 치켜떴어요.

"얘가, 어디서 어른한테 말대답이야?"

엄마가 나를 한 대 쥐어박았어요. 그러고 나서 엉엉 우는 영민이를 안았어요.

"누가 그랬어? 응?"

엄마는 손으로 영민이 눈물을 닦아 주면서 얼렀어요. 한참 후에 영민이가 울음을 그치자, 그제야 엄마는 내게 말을 걸었어요. 내가 단단히 삐진 것도 모르는 채로요.

"참, 영이야. 이제 영어 배워야지. 엄마가 학원 알아 놨으니까, 다음 주부터 그 학원 다녀. 다른 애들은 벌써 영어 책도 읽고 한다더라."

"무슨 학원을 또 다녀?

지금도 벌써 세 개나 다니는데."

나는 툴툴거리며 대답했어요.

"그러니까 피아노 학원은 그만둬."

"뭐라고?"

나는 깜짝 놀라 소리쳤어요.

"엄마가 아까 학원에 전화했어. 어차피 너 피아노 치는 것도 싫어하고……."

"싫어! 나, 피아노 학원 다닐 거야!"

그제야 엄마가 놀란 얼굴로 나를 바라보았어요.

"왜 다 엄마 마음대로 해? 나, 피아노 학원 다니고 싶단 말이야!"

갑자기 너무나 서러워졌어요. 눈물이 주르륵 쏟아졌어요.

내 울음소리에 놀라 아빠도 방문을 열었어요. 아빠 얼굴을 보니 더 서러워졌어요. 나는 어깨까지 들썩이며 엉엉 울었어요. 하루 종일 속상했던 일들이 한꺼번에 떠올랐기 때문이에요.

존중받아야 할 어린이의 마음

영이는 동훈이를 좋아해. 하지만 선생님은 그런 영이 마음은 사랑이 아니라고 해. 또 어른들은 영이의 의견도 듣지 않고 영이 일을 결정하기 일쑤야. 학원도 엄마 마음대로, 텔레비전 채널도 아빠 마음대로 정해 버렸지. 어리다고 생각이나 감정이 없는 게 아닌데 말이야.

01 어리다고 무시당하는 느낌을 받은 적이 있다면 적어 보세요.

02 어리다는 이유만으로 나의 의견이 받아들여지지 않을 때는 어떻게 하는 게 좋을까요? 내 주장이나 생각을 적어 보세요.

곽민수 글 * 송혜선 그림

왜 노인을 공경해야 할까요?

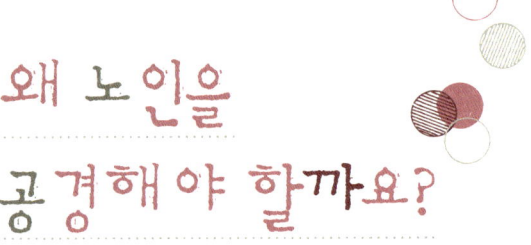

할머니의 코 고는 소리

"혜미야, 내일 외할머니가 오신다는구나."

엄마가 전화를 끊으며 말했어요. 엄마의 목소리는 밝고 가벼웠어요. 외할머니가 오신다는 소식에 마음이 들뜬 게 분명했어요.

혜미의 외할머니는 강원도 진부에서 혼자 농사를 짓고 사세요. 외할아버지는 혜미가 태어나기 전에 이미 돌아가셨어요. 그래서 혜미는 외할아버지의 얼굴도 몰라요.

외할머니는 일 년에 한두 번 혜미네 집을 찾아오세요. 하지만 아파트가 답답해서 숨을 쉴 수가 없다며 길어야 일주일 정도 묵고는 바로 시골로 내려가시지요. 엄마는 그럴 때마다 서운해서

눈물을 훔치고는 했어요.

"혜미야, 외할머니 보고 싶지? 얼른 오셨으면 좋겠지?"

엄마가 물었어요. 혜미는 대답을 우물거렸어요. 사실, 혜미는 외할머니가 그렇게 반가운 건 아니었어요. 싫은 건 아니지만, 그렇다고 그렇게 좋은 것도 아니었거든요. 외할머니는 허리가 기역으로 꼬부라져서, 지팡이를 짚으면서 걸어 다니셨어요. 함께 다니면 사람들이 자꾸 쳐다봐서 창피했어요. 외할머니가 뽀뽀를 하자고 할 때마다 냄새도 났어요. 더구나 혜미네는 방이 두 칸인 작은 아파트라, 외할머니가 오시면 혜미 방에서 함께 자야 했어요. 그럴 때마다 혜미는 잠을 잘 수가 없었어요. 외할머니가 코를 심하게 고셨거든요.

그런 혜미의 마음을 아는지 모르는지 엄마는 벌써부터 신이 나서 아빠에게 전화를 하고 옷을 갈아입었어요.

"엄마, 어디 가?"

"마트 갈 거야. 외할머니가 좋아하시는 음식들 준비해야지."

엄마는 그날 저녁, 평소보다 훨씬 많은 장을 보았어요. 마치 명절을 준비하는 것처럼요.

"딩동 딩동."

다음 날 오후, 초인종이 울렸어요. 엄마가 현관을 열면서 깜짝 놀라 소리쳤어요.

"어휴, 엄마. 미리 전화하라고 했잖아요. 내가 모시러 나간다니까 그래요."

"뭣 하러 터미널까지 나와. 나 혼자 얼마든지 올 수 있는데."

외할머니는 큰 보따리를 등에 메고, 양손에도 짐을 들고 계셨어요. 엄마는 얼른 짐을 받아 들었어요. 보따리 안에는 참기름이며 깨, 고춧가루, 메밀가루 같은 것들이 잔뜩 들어 있었어요.

"이런 거 가져오지 말라니까요. 허리도 안 좋으면서 왜 이렇게 무거운 걸 가져와요. 요즘은 마트에 가면 다 판다니까요."

"마트에서 파는 건 다 수입산이야. 수입산이 몸에 좋겠니, 어디. 이건 내가 직접 농사지은 거니까 건강에도 좋고, 맛도 좋지 않니. 한 서방이 좋아하는 고구마 줄기도 가져왔어."

외할머니는 오실 때마다 무거운 보따리에 엄마, 아빠가 좋아하는 것을 잔뜩 싸 오세요. 하지만 혜미가 좋아하는 초콜릿이나 과자 같은 건 없었어요.

"혜미야, 못 본 사이에 많이 컸구나."

외할머니가 혜미의 손을 잡고 끌어안으려고 하셨어요. 외할머니의 손은 너무 거칠어서 나무껍질 같았어요. 혜미는 외할머니가 뽀뽀를 하자고 할까 봐 얼른 뿌리치며 뒤로 물러났어요. 외할머니가 서운한 표정을 지으셨어요.

 "쟤는 요즘 다 컸다고
제 아빠와도 뽀뽀를 안 하려고 해요."

 외할머니가 민망할까 봐 엄마가 얼른 이렇게 말했어요. 외할머니는 가방을 뒤져 비닐봉지를 꺼내 혜미에게 내미셨어요.

 "이거 먹어라."

 그건 시골 장터에서 파는 촌스러운 눈깔사탕이었어요. 알록달록한 색깔이 불량 식품처럼 보였어요. 혜미는 내키지 않았지만 사탕을 받아 들었어요. 그리고 자기 방으로 들어와 서랍 안에 넣

어 버렸어요.
　　　　아빠는 평소보다 일찍 퇴근했어요. 엄마는 저녁상을 차렸어요. 갈비며, 잡채며, 미역국이며, 생일상보다 더 근사한 밥상이 나왔어요.
　"우와! 내가 좋아하는 갈비찜이다!"
　혜미의 입에 군침이 돌았어요. 혜미는 젓가락을 들고 얼른 갈비를 집어 한 입 물었어요.
　"이런! 버릇없는 녀석!"
　아빠가 혜미의 등짝을 찰싹 때렸어요. 하마터면 입에 있던 갈비가 튀어나올 뻔했지 뭐예요.
　"할머니가 수저를 드시기도 전에 먼저 음식에 손을 대다니, 어디서 배운 버르장머리야!"
　엄마도 혜미에게 핀잔을 주었어요. 엄마는 자꾸 외할머니 앞에만 맛있는 반찬을 가져다 놓았어요.

"치, 난 안 주고……."
혜미는 투정을 부렸어요.
"난 괜찮다. 혜미 많이 먹어라. 할미는 이가 안 좋아서 잘 먹을 수도 없어."
외할머니가 혜미의 밥그릇에 갈비를 놓아 주셨어요. 하지만 혜미는 마음 놓고 먹을 수가 없었어요. 아빠가 '한 번만 더 버릇없이 굴면 크게 야단맞을 줄 알아.' 하는 표정을 짓고 있었으니까요. 시무룩해진 혜미는 밥을 먹는 둥 마는 둥 하고 자기 방으로 들어와 버렸어요.
엄마 아빠는 왜 자꾸 외할머니만 위하는 걸까요? 외할머니 때문에 억울하게 혼이 나고, 손해 보는 것 같았어요.
그날 밤, 외할머니는 혜미의 방에서 일찍 잠이 드셨어요.
"드르렁 쿨, 드르렁 쿨."

혜미는 코 고는 소리에 잠들 수가 없었어요. 베개로 귀를 틀어막고, 이불을 뒤집어쓰고 나서야 간신히 잠을 잘 수 있었어요.

"쏴아아아!"

다음 날, 학교 수업이 끝날 때쯤이었어요. 갑자기 소나기가 쏟아지기 시작했어요. 운동장은 금방 진흙탕으로 변했어요.

엄마들이 우산을 들고 복도에서 기다리고 있었어요. 혜미는 엄마에게 전화를 걸었어요.

"엄마, 비가 너무 많이 와요."

"엄마가 아빠 일 때문에 멀리 나와 있어. 할머니께 부탁했으니까 조금만 기다려 봐."

혜미는 교실로 들어가 교문을 바라보고 있었어요.

"와! 꼬부랑 할머니다!"

"허리가 완전히 꼬부라졌어! 하하하!"

아이들이 복도에서 웅성거리면서 소리쳤어요. 혜미는 복도로 나가 보았어요.

외할머니가 한 손에는 지팡이를 짚고, 다른 손에는 우산을 들고 이리저리 헤매고 계셨어요. 아이들이 신기한 듯이 외할머니 뒤를 졸졸 따라다녔어요. 어떤 아이들은 허리를 기역으로 구부린 채 꼬부랑 할머니 흉내를 내며 쫓아다녔어요.

 혜미는 창피해서 견딜 수가 없었어요. 혜미는 외할머니를 못 본 척하고 얼른 교실로 들어갔어요.
 "어떤 할머니가 널 찾으셔."
 윤주가 들어와서 혜미에게 말했어요. 윤주 뒤를 따라 외할머니가 느릿느릿 교실로 들어오셨어요. 그 뒤를 쫓아 아이들이 우르르 들어왔어요.
 외할머니는 혜미를 보고 빙긋 웃었어요. 혜미의 얼굴이 새빨갛게 달아올랐어요. 혜미는 가방을 메고 얼른 교실 밖으로 뛰어나갔어요.

"혜미야……."

등 뒤에서 외할머니의 목소리가 들렸지만, 혜미는 들은 척도 하지 않았어요. 혜미는 비가 쏟아지는 운동장을 가로질러 흙탕물을 튀기며 무작정 달렸어요. 아이들이 비웃고 있을 것 같아서 뒤도 돌아보지 않았어요.

"칫, 누가 우산 가져다 달라고 했나? 왜 학교까지 온 거야!"

빗물이 사정없이 혜미의 머리와 볼을 타고 흘러 온몸이 흠뻑 젖었어요.

집에 돌아온 혜미는 자기 방에서 꼼짝도 안 하고 가만히 있었어요. 아무래도 엄마 아빠에게 크게 혼이 날 것만 같았어요. 학교에 찾아온 외할머니를 내버려 두고 혼자 왔으니까요.

외할머니는 한참이 지나서야 집으로 돌아오셨어요. 혜미는 문을 열어 살짝 내다보고는 다시 방문을 걸어 잠갔어요. 혼이 날까 겁이 나기도 했고, 죄송하기도 했거든요.

저녁때가 되었어요. 엄마 아빠가 돌아오고, 온 가족이 식탁에 둘러앉았어요. 혜미는 외할머니 눈치를 살폈어요. 하지만 외할머니는 아무 일도 없었다는 듯이 식사만 하셨어요.

"혜미야, 오늘 왜 옷이 잔뜩 젖어서 왔어? 할머니께서 우산 갖고 가셨을 텐데."

엄마가 혜미에게 물었어요. 혜미는 가슴이 철렁 내려앉아 말

없이 고개를 숙였어요. 외할머니가 대신 대답했어요.

"못 만났어. 길이 엇갈렸나 봐."

"혜미야, 좀 기다리지 그랬어. 할머니가 불편한 몸으로 갔다 오시느라 감기까지 드셨잖아."

그러고 보니 외할머니는 계속 코를 훌쩍거리시며 손수건으로 콧물을 훔쳤어요.

"감기약을 지어 왔어야 했는데. 지금은 약국이 문을 다 닫았을 거야."

아빠가 속상한 표정으로 말했어요.

외할머니는 저녁을 드시는 둥 마시는 둥 하고 일찍 잠자리에 드셨어요. 그런데 그날 밤, 외할머니가 끙끙거리며 신음 소리를 내기 시작하셨어요. 엄마가 외할머니의 이마를 짚어 보고 체온계로 열을 재어 보았어요.

"어떻게 하지? 펄펄 끓어."

"해열제가 어디 있더라?"

아빠는 약통을 뒤져 해열제를 찾아 외할머니에게 먹였어요. 엄마는 찬물에 담근 수건을 외할머니 이마에 놓아 주었어요. 엄마는 잠자리에 들지 못하고 외할머니 옆을 가만히 지켰어요. 열이 내리기만을 바라면서요.

"집에 오는 길을 잘못 들어 한참을 헤매셨다는구나. 가뜩이나

몸이 약하신데, 감기까지 드셨으니 어쩌면 좋아……."

혜미는 가슴이 뜨끔했어요. 자기 때문에 외할머니가 감기에 걸린 것 같다는 생각이 자꾸만 들었으니까요. 하지만 차마 엄마한테 사실대로 고백하지 못했어요.

엄마는 치마 밑으로 드러난 외할머니의 다리를 주물렀어요. 외할머니의 다리는 피부가 늘어진데다, 살이라고는 없어 보였어요. 그리고 무릎과 종아리에는 심한 흉터가 남아 있었어요.

엄마는 외할머니의 흉터를 만지다 갑자기 눈물을 글썽이며 코를 훌쩍였어요.

"왜 그래, 엄마? 이거 무슨 상처 자국이야?"

혜미가 물었어요.

"넌 기억이 안 나겠지만, 이건 너를 지키려다 생긴 흉터야."

엄마가 말했어요.

"나 때문에?"

혜미는 깜짝 놀랐어요.

"네가 아주 어렸을 때, 이제 막 아장아장 걸을 때야. 식탁 위에 뜨거운 국그릇을 올려놓았는데, 네가 넘어지면서 식탁보를 확 끌어당긴 거야. 그러면서 국그릇이 외할머니 무릎에 쏟아졌어. 그런데 외할머니는 뜨거운 줄도 모르고, 네가 다쳤을까 봐 널 끌어안고 병원으로 달려가셨지. 네가 무사하다는 결과를 받고서야 치료를 받으셨어."

혜미는 가만히 외할머니의 흉터를 바라보았어요. 아주 오래된 일이었지만, 흉터는 여전히 아파 보였어요.

갑자기 눈물이 뚝, 하고 떨어졌어요.
엄마가 그런 혜미를 가만히 안았어요.

"혜미야, 우리가 할머니 할아버지를 왜 공경해야 하는지 아니?"

혜미는 고개를 흔들었어요.

"할머니 할아버지는 우리를 지금 이곳에 있게 해 주신 분들이기 때문이야. 할머니 할아버지가 없었다면 엄마도, 혜미도 이 세상에 있을 수 없어. 우리에게 생명을 주시고 한없는 사랑으로 키워 주신 고맙고 소중한 분들인데, 우리가 공경하는 건 당연한 게 아닐까?"

혜미는 고개를 끄덕였어요. 엄마는 혜미의 눈에서 눈물을 닦아 주었어요.

"크릉, 크르릉."

외할머니가 곤히 코를 고셨어요. 엄마는 체온계로 외할머니의 체온을 재 보았어요.

"휴, 다행이다. 열이 내렸어."

엄마는 가슴을 쓸어내렸어요.

엄마와 혜미는 외할머니 옆에 나란히 누워 외할머니의 손을 한쪽씩 잡았어요.

"크르릉, 크릉."

오늘은 코 고는 소리가 싫지 않았어요. 혜미는 할머니의 코 고는 소리를 자장가처럼 들으면서 편안한 잠에 빠졌어요.

공경해야 할 할머니, 할아버지

혜미는 버릇없다고 엄마 아빠에게 야단맞는 것도 싫고, 할머니와 같은 방에서 잠을 자야 하는 것도 싫었어. 할머니가 우산을 가지고 학교에 오자 창피해진 혜미는 그냥 집에 가 버렸지. 그런데 비를 맞고 돌아와서 앓아누운 할머니를 간호하던 엄마를 통해, 혜미는 할머니의 사랑을 알게 되었어. 그리고 왜 할머니, 할아버지를 공경해야 하는지 깨닫게 되었지.

 할머니, 할아버지가 없었다면 지금의 나도 있을 수 없지요.
할머니, 할아버지에 대한 소개를 해 보세요.
할머니, 할아버지에 대한 기억을 적어도 좋아요.

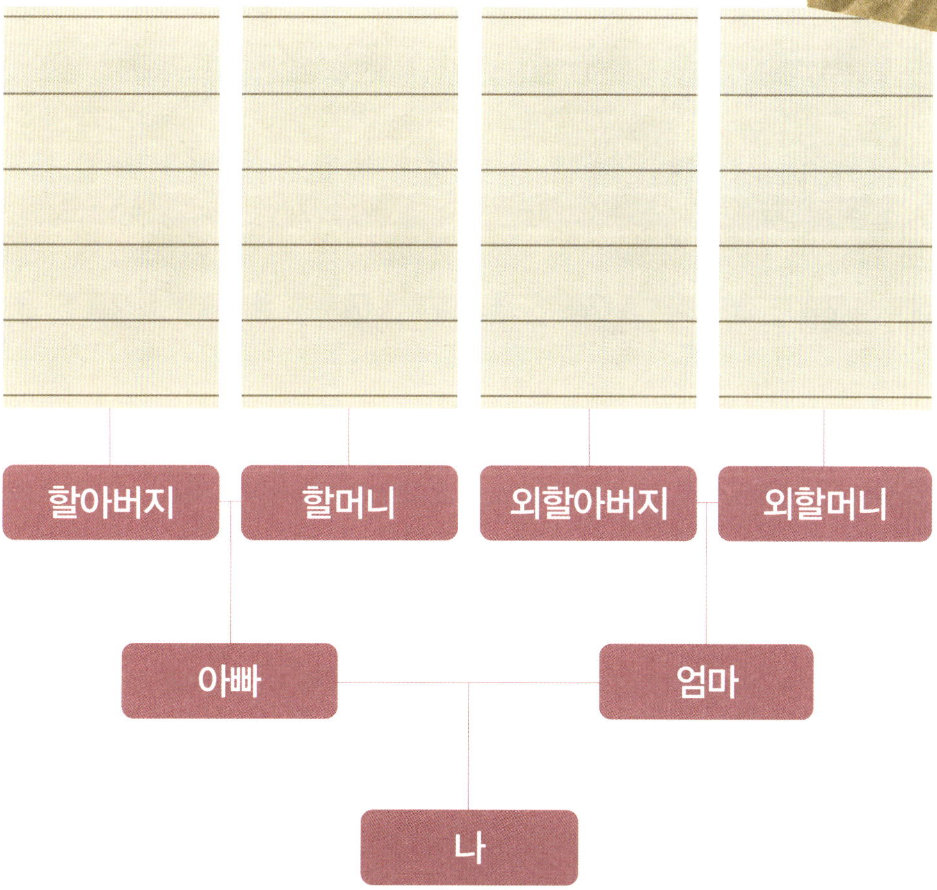

| 할아버지 | 할머니 | 외할아버지 | 외할머니 |

| 아빠 | 엄마 |

| 나 |

서지원 글 * 구윤미 그림

세상에는 다양한 모습의 가족이 있어요

할머니와 컴퓨터

"서동우! 너, 오늘도 준비물 안 챙겨 왔니?"

"네……. 깜빡했어요."

"이 녀석! 정신을 어디에 놓고 다니는 거야?"

동우가 선생님에게 꿀밤을 맞은 것은 이번이 처음은 아니었어요. 하지만 이렇게 아프기는 처음이었지요. 손바닥으로 머리를 문지르는데 동우의 눈에서 눈물이 쏙 나왔어요.

'선생님은 내가 정말 준비물을 깜빡했다고 생각하시는 걸까?'

동우는 며칠 전 담임 선생님에게 집안 사정에 대해 말씀 드린

일을 떠올렸어요. 이제 선생님은 동우네 엄마 아빠가 일 때문에 서울로 올라가서 따로 살고 있다는 것과, 그 바람에 동우는 할머니와 단둘이 살고 있다는 것을 알고 계시지요.

동우가 아이들이 없는 틈을 타서 일부러 선생님에게 그런 사정을 말씀 드린 데에는 이유가 있었어요. 선생님이 동우를 좀 더 이해해 줄 수 있을 거라는 기대 때문이었지요. 이번처럼 준비물이나 급식비를 제때 가져오지 못했을 때, 선생님이 동우네 집안 사정을 떠올리며 이해해 줄 거라고 생각했던 거예요.

'쳇! 어른들은 다 똑같아. 엄마, 아빠, 선생님 모두 다.'

동우는 고개를 숙인 채 몰래 눈물을 훔쳐 냈어요.

'할머니랑 지내면서 공부 열심히 하고 있으면 몇 달 후엔 서울로 데리고 갈 거야. 일단 엄마 아빠가 가서 자리를 잡아야 하는데 너를 데리고 가면 네가 고생할까 봐 그래. 무슨 말인지 알지?'

2년 전 할머니 집에 동우를 떼어 놓고 가면서 엄마 아빠는 동우에게 몇 달만 참으면 서울이라는 커다란 선물을 안겨 줄 것처럼 말했어요. 그때 동우는 속으로 '고생해도 괜찮아. 나도 데리고 가!'라고 소리쳤지요. 하지만 동우는 꾹 참았어요. 엘리베이터가 있는 아파트와 컴퓨터가 있는 방, 서울의 으리으리한 놀이

공원을 떠올리면 그깟 몇 달쯤은 견딜 수 있을 거라고 생각했기 때문이었어요.

그런데 몇 달이 1년이 되고, 다시 2년이 되어 가면서 동우는 엄마 아빠 말이 거짓말이었다는 것을 알아 버렸어요.

두 달 전쯤이었어요. 학교에서 돌아온 동우는 우연히 할머니가 이웃집 아주머니에게 털어놓는 속사정을 듣게 되었지요.

"저래 못 산다 난리를 치더니 며느리는 어디로 내빼 버렸다 하고, 하나 있는 아들도 어디로 갔는지 연락도 안 돼요."

"세상에, 이 일을 어쩐대요?"

"면사무소에서는 애 아빠가 살아 있으니 나라에서 주는 지원금도 못 받는다 하고, 내가 버는 걸로는 아픈 허리에 약값 대기도 버거우니……."

그날 동우가 받은 충격은 정말 엄청났어요.

'아빠 엄마가 나를 잠시 맡긴 게 아니라 버린 거였구나!'

그동안 아빠 엄마가 보고 싶어도 씩씩하게 잘 참아 냈던 동우는 그날 밤 심하게 앓았어요. 할머니는 그런 동우를 밤새 정성껏 보살펴 주었어요. 하지만 이틀 뒤 자리를 털고 일어나자 동우는 자신도 모르게 괜한 심술이 났어요.

"할머니, 나도 컴퓨터 사 줘."

"그런 걸 뭐 하게? 우리 형편에 가당치도 않다."

"아빠한테 사 달라고 하면 되잖아. 아빠한테 연락해 봐, 얼른!"

"시끄럽다. 힘들게 일하는 아빠를 귀찮게 하면 안 된다."

할머니는 시치미를 뗐어요.

"컴퓨터 없는 집은 우리 집뿐이란 말이야. 컴퓨터, 컴퓨터!"

동우는 그때부터 시시때때로 컴퓨터 이야기를 꺼내 할머니를 힘들게 했어요.

할머니에게 그럴 만한 돈이 없다는 걸 알면서도 동우는 아빠 엄마가 보고 싶을 때면 더욱 고집을 부렸어요. 그럴 때마다 할머니의 한숨은 깊어 갔지요.

"딩동 댕동 딩동 댕동."

"자, 다들 집에 가지고 가서 마무리 못한 걸 완성해서 다음 시간에 가지고 오는 거다."

"네!"

동우는 아직 뼈대도 세우지 못한 수수깡 집을 책상 서랍 안으로 구겨 넣어 버렸어요. 어차피 아이들에게 얻은 수수깡으로는 제대로 된 작품을 만들지 못할 게 뻔해요. 동우는 다음 주 미술 시간이 있는 날, 항상 그랬듯이 배가 아프다고 하면 그만이라고 생각했어요.

"우아! 이게 진짜 네 거야?"

"아빠가 시험 잘 봤다고 사 주셨어."

"좋겠다."

미술 시간이 끝나고 형철이 주위로 모여든 아이들이 연신 감탄사를 쏟아 냈어요.

얼마 전부터 자랑을 하고 다니던 휴대 전화를 형철이가 이제야 손에 쥐게 된 거였어요. 동우네 반에 또 최신 휴대 전화를 가진 친구가 탄생한 날이지요.

형철이는 툭하면 부모님께 선물을 받아 왔어요. 지난번에는 교내 글짓기 대회에서 상을 탔다고 새 운동화를 신고 왔어요. 또 얼마 전처럼 동생이 피아노 경연 대회에 나간 날은 온 가족

이 외식을 했다고 했어요. 형철이가 피자를 실컷 먹었다고 자랑을 하던 날, 동우는 연락이 끊어진 지 오래인 엄마 아빠가 너무 미웠어요.

'2년 동안 나는 단 한 번도 외식 한 적 없는데…….'

동우는 형철이의 휴대 전화와 한 달에도 몇 번씩 하는 외식이

부러웠어요. 하지만 그보다 더 부러운 건 몸이 아픈 할머니와 단둘이 살지 않는다는 것이었지요. 동우는 하느님에게 엄마 아빠와 다시 같이 살 수 있게 해 주면 평생 외식을 한 번도 하지 않아도 된다고 기도했어요.

그날 동우는 처음으로 청소 당번인 형철이를 기다리지 않았어요. 지금까지 형철이가 동우를 기다려 주지 않은 날은 많았지만 동우가 형철이보다 먼저 집으로 가 버린 날은 단 한 번도 없었지요.

형철이는 같은 반에는 물론 다른 반에도 친구가 많았어요. 하지만 동우가 친하게 지내는 친구는 형철이 하나뿐이었어요. 그래서 혹시라도 자신이 형철이에게 소홀하게 대하는 게 있을까 봐 늘 마음 쓰였어요.

그래서 그랬는지, 동우는 학교 정문 앞을 지나자마자 형철이를 두고 혼자 나와 버린 것을 크게 후회했어요.

'형철이가 화가 많이 났으면 어쩌지? 이제 나랑 같이 안 다니려고 할지도 몰라.'

그날 밤 동우는 이불을 뒤집어쓰고 밤늦도록 잠을 이루지 못했어요.

다음 날 아침, 아침밥도 먹지 않고 집을 나선 동우는 형철이네 집 앞에서 형철이가 나오기를 기다렸어요. 그러고는 학교로 향하며 어젯밤에 준비해 둔 말을 조심스럽게 꺼냈어요.

"어제는 아빠랑 컴퓨터를 사러 가기로 해서 먼저 간 거였어. 미안해."

"아빠? 너희 아빤 서울에 계신다며?"

"아! 전에 너한테 할머니랑 둘이 산다고 한 거 거짓말이었어. 그 전날 아빠 엄마한테 엄청 혼나고 나서 갑자기 아빠 엄마가 없어졌으면 좋겠단 생각에 그렇게 말했던 거야."

거짓말을 하니 심장이 더욱 빠르게 뛰는 것 같았어요.

사실 동우는 형철이에게 할머니와 둘이 산다고 사실대로 얘기한 걸 계속 후회했어요. 형철이가 그 사실을 안 뒤로 자기를 조금씩 멀리하는 것 같다는 기분이 들었기 때문이에요. 그래서 기회를 봐서 그때 그 말이 거짓말이라고 말해야겠다고 벼르고 있었지요.

"동우야, 우리 반 까페 알지? 너도 얼른 거기 가입해."

"아, 알았어. 근데 아직 인터넷 연결을 못 했는데……."

동우가 고개를 숙이며 말끝을 흐렸어요.

그날 동우가 학교에서 돌아왔을 때 할머니는 몸이 아파 일을 나가지 못하고 방 안에 누워 있었어요.

"할머니, 컴퓨터! 컴퓨터 가지고 온다는 거 어떻게 됐어? 나

빨리 필요하단 말이야."

사실 동우가 아빠 이야기에 컴퓨터까지 얹어서 무리한 거짓말을 한 건 믿는 구석이 있었기 때문이었어요.

얼마 전부터 할머니는 조금만 기다리면 컴퓨터가 생길지도 모른다며 기대를 갖게 했었거든요.

"동우야, 조금만 더 기다려라."

"싫어! 컴퓨터가 없어서 숙제도 못하고. 나 학교 안 갈 거야."

"아이고, 이 녀석아! 네 할미 허리 아파 죽는다. 그래도 컴퓨터 타령이나 할 거냐?"

할머니가 한 손으로 허리를 붙잡고 겨우 자리에서 일어나 앉으며 말했어요.

"쳇! 그러게 의사 선생님이 쉬라는데 매일 늦게까지 마실 다니니까 그렇지."

할머니는 요즘 들어 밤이 되어서야 집으로 돌아왔어요. 동우는 혼자 저녁을 차려 먹는 것도, 밖이 캄캄해지도록 혼자 집을 지키는 것도 무척이나 싫었지요. 하지만 다음 날도, 그 다음 날도 할머니의 늦은 귀가는 계속되었어요.

그러고 나서 며칠 후, 할머니는 여느 때보다 더 늦은 시간에 집으로 돌아왔어요. 할머니를 기다리다 잠이 든 동우는 인기척

 소리에 잠에서 깼지만 일부러 자는 척을 했어요. 그렇게 다시 잠이 든 동우는 이른 새벽 무렵, 이상한 소리에 잠을 깼어요.
 "끄으응 끄응, 아이고 아아아……."
 "할머니! 왜 그래?"
 할머니를 흔들어 깨우던 동우는 깜짝 놀랐어요. 땀에 흠뻑 젖은 할머니의 몸이 불덩이처럼 뜨거운데다 아무리 일으켜 세우려 해도 좀처럼 눈도 뜨지 못했거든요.
 "할머니, 눈 좀 떠 봐. 할머니!"

겁에 질린 동우는 할머니를 부르다 이웃집으로 달려가 문을 두드렸어요. 동우의 방문에 크게 놀란 아주머니는 동우를 따라 나서며 근심스럽게 혼잣말을 하셨어요.
"쯧쯧, 그러다가 쓰러지실 줄 알았지. 그놈의 컴퓨터가 뭐라고! 그걸 찾아 온 시내를 헤매고 다닐 때 내가 말렸어야 했는데……."
아주머니는 할머니가 그동안 날품이 끝나면 하루도 빠지지 않고 시내로 나갔다고 했어요. 누군가에게 시내에 있는 회사들이 가끔 쓸 만한 컴퓨터를 재활용으로 내놓는다는 얘기를 들은 뒤부터는 동우에게 컴퓨터를 가져다 줄 수 있겠다며 좋아했다고 했지요.

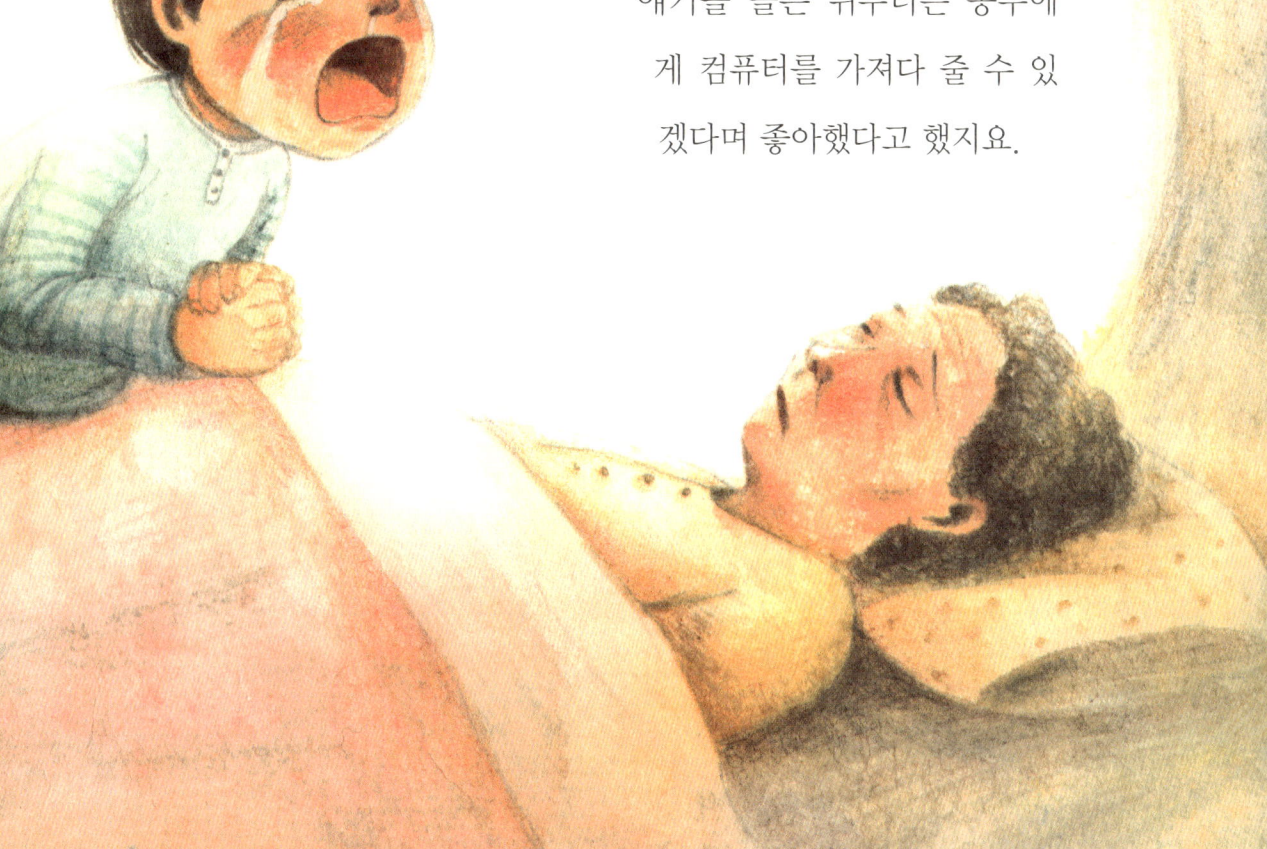

할머니에 대한 걱정과 미안함에 어느새 동우의 얼굴은 눈물로 뒤범벅이 되었어요. 동우는 방 안으로 뛰어 들어와 할머니 앞에 무릎을 꿇었어요.

"할머니, 나 이제 컴퓨터 필요 없어. 할머니만 얼른 나으면 돼. 할머니, 아프지 말고 얼른 일어나. 응?"

동우가 잡은 할머니 손 위로 굵은 눈물방울이 뚝뚝 떨어졌어요. 그러자 조금 뒤, 할머니의 또 다른 손이 동우의 손등을 가만히 감싸 안았어요.

다양한 모습의 가족

'엄마, 아빠, 나'로 이루어진 가족도 있고, 형제가 많은 가족도 있어. 또 엄마나 아빠 중 한 분만 계신 가족도 있고, 할머니, 할아버지와 함께 사는 가족도 있어. 어른 없이 형제, 자매로만 이루어진 가족도 있지. 또 혈연관계가 아니더라도 함께 살면서 가족을 이루는 경우도 있어. 소중하게 여기는 동물들도 가족이 될 수 있지.

01 우리 가족은 어떤가요? 우리 가족을 소개해 보세요.

노지영 글 * 송수미 그림

외국인 노동자는 왜 우리나라에서 일을 할까요?

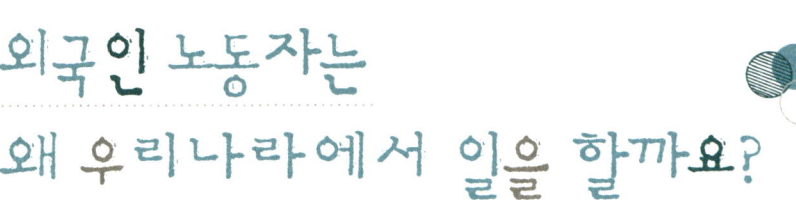

함께 해요, 우리들의 파티

"쿵, 쾅, 쿵, 컹……."

가구 공장 단지에서는 오늘도 시끄러운 소리가 나요. 기계들이 내는 소리일 테지요.

민철이는 학교를 마치고 집으로 가는 길이었어요. 민철이는 신호등을 건너면서 가구 공장 단지를 힐끔 쳐다보았어요. 작업복을 입은 어른들이 일을 하고 있었어요. 그런데 우리나라 사람은 거의 없고, 대부분 외국인이었어요. 생김새가 우리나라 사람과는 달랐어요.

아빠가 그러는데 파키스탄, 필리핀, 몽골, 인도 등에서 온 사

람들이래요. 돈을 벌려고 우리나라로 온 외국인 노동자라고 했어요.

"칫!"

민철이는 인상을 썼어요. 콧등에 주름이 잡혔어요. 민철이는 외국인 노동자를 싫어했어요.

"학교 다녀왔습니다."

민철이는 계단을 내려가 현관문을 열었어요. 민철이네는 반지하였어요. 낮에도 햇빛이 잘 들지 않아 어두컴컴했어요.

집 안은 뿌연 담배 연기로 가득 차 있었어요. 민철이는 콜록, 기침을 했어요.

"이제 왔냐?"

어두운 안방 저쪽에서 아빠의 목소리가 들려왔어요. 아빠의 목소리는 어두운 집안처럼 무거웠어요. 감기에 걸린 사람처럼요. 아빠는 오늘도 하루 종일 집 안에만 있었나 봐요. 지난 가을부터 그랬으니까 벌써 반년이 넘도록 집에만 있는 거예요.

그렇다고 아빠가 몸이 아픈 건 아니에요. 누구보다 튼튼하고, 기술도 좋으신 분이에요. 지난 가을까지만 해도 아빠는 무척 바쁘게 일했어요. 아빠는 가구 공장에서 침대와 소파를 만드는 기술자였어요. 하지만 공장을 그만둔 후로는 아픈 사람처럼 하루 종일 집에 누워만 있어요.

지난 가을, 민철이는 잠이 들려고 누웠다가 엄마와 아빠가 나누는 얘기를 들었어요.

"가구 공장 사장이 우리나라 사람들은 다 내보내려나 봐."

"왜요?"

"우리나라 사람 대신에 외국인 노동자들을 쓰려는 거지. 외국인 노동자들은 우리나라 사람들보다 돈을 조금만 줘도 되거든."

아빠가 깊게 한숨을 쉬면서 말했어요. 민철이는 엄마와 아빠가 나누었던 말을 잊을 수가 없었어요.

얼마 지나지 않아, 아빠는 가구 공장에서 쫓겨나고 말았어요. 아빠 대신에 외국인 노동자들이 가구 공장에서 일을 하게 되었지요.

아빠는 다른 일자리를 구하려고 했지만, 쉽지 않았어요. 다른 공장들도 우리나라 사람 대신에 외국인 노동자들을 많이 썼으니까요. 아빠는 어쩔 수 없이 일을 하지 못하고 집에서 쉬게 되었어요.

아빠가 일자리를 찾지 못하자 민철이네 사정은 어려워졌어요. 엄마는 아침부터 밤늦게까지 식당에서 일을 해야 했어요.

"민철아, 사정이 어려워서 당분간 피아노 학원을 그만 다녀야겠구나. 엄마가 다음에 꼭 보내 줄게."

엄마는 몹시 미안해하는 목소리로 말했어요. 민철이는 피아

함께 해요, 우리들의 파티

노 학원에 다니지 못하게 된 게 너무 아쉬웠어요. 피아노 치는 걸 정말 좋아했거든요. 피아노 선생님도 민철이가 재능이 있다고 칭찬을 자주 했었어요.

"괜찮아요, 엄마. 나도 별로 다니고 싶지 않았어요."

민철이는 그렇게 거짓말을 했어요.

더는 엄마 마음을 아프게 하고 싶지 않았거든요.

 쿨럭쿨럭, 안방에서 아빠의 기침 소리가 들려왔어요. 아빠는 하루 종일 집 안에 있어도 답답하지 않은가 봐요. 민철이는 검은 비닐봉지 안에 갇힌 것처럼 갑갑한데 말이에요.
 친구들과 놀고 싶어도 놀 친구가 없었어요. 친구들은 모두 학원에 갔으니까요. 민철이는 혼자 놀이터로 향했어요. 그네를 타고 하늘을 바라보았어요. 민철이 마음과는 달리 5월의 하늘은 너무나 맑고 푸르렀어요.
 민철이는 놀이터 끝 골목까지 걸어갔어요. 담장 너머로 '베토벤 피아노 학원' 간판이 보였어요. 민철이가 다니던 피아노 학원이에요. 이따금 피아노 가방을 들고 학원으로 들어가는 아이들이 보였어요.
 "딩 댕 동 댕 댕 동……."
 아이들이 치는 피아노 소리가 바람결에 실려 왔어요.
 "되게 못 치네! 칫!"
 민철이는 담벼락에 침을 퉤, 하고 뱉었어요.
 놀이터 저쪽에 아이들 몇 명이 옹기종기 모여 있었어요. 유치원생쯤으로 보였어요. 소꿉놀이를 하는지 장난감 그릇들을 늘어놓고 모래와 물을 담아 놓고 있었어요.

그런데 아이들 사이에 생김새가 유독 다른 여자아이가 있었어요. 민철이는 한눈에 그 여자아이가 혼혈아라는 것을 알아보았어요. 텔레비전에서 본 적이 있어요. 엄마나 아빠가 피부색이 다른 외국인이면 우리와 생김새가 다른 혼혈아가 태어난대요.

민철이는 아이들에게 다가갔어요.

"너희 아빠 외국인이야?"

민철이가 묻자, 여자아이는 민철이를 가만히 쳐다보며 고개를 끄덕였어요.

"응. 우리 아빠 파키스탄 사람이다!"

여자아이는 활짝 웃으면서 자랑처럼 크게 말했어요.

"외국인 노동자인 게 자랑이야?"

민철이는 화를 내면서 소리를 질렀어요. 그것도 모자라 장난감 그릇들을 발로 걷어찼어요. 깜짝 놀란 아이들이 겁에 질려 우르르 도망을 갔어요.

"으아아앙!"

여자아이는 울음을 터뜨렸어요. 민철이는 모래밭의 모래를 한 움큼 쥐고는 여자아이에게 집어 던졌어요.

"우리나라에 왜 왔어? 너네 나라로 가란 말이야!"

"으아아앙!"

여자아이의 머리와 옷은 모래투성이가 되어 버렸어요. 여자

아이는 엉엉 울음을 토해 내면서 어디론가 가 버렸어요. 민철이는 씩씩거리며 한참이나 여자아이를 노려보았어요.

　다음 날, 민철이는 학교에서 돌아와 동네를 한 바퀴 돌고는 또 놀이터로 갔어요. 특별히 갈 곳도 없고, 할 일도 없었으니까요. 피아노 학원에서 들려오는 피아노 소리에 맞춰 그네도 타고, 미끄럼틀도 탔어요.

"너, 이리 내려와 봐."

　미끄럼틀 위에 올라갔을 때 밑에서 어떤 목소리가 들렸어요. 외국 사람이 말하는 것처럼 말투가 어색했지만, 민철이를 부르는 건 분명했어요. 민철이는 고개를 내밀고 아래를 내려다보았어요.

　얼굴이 검고, 머리가 꼬불꼬불한 아저씨가 민철이를 쳐다보고 있었어요. 민철이는 가슴이 철렁 내려앉았어요. 한 여자아이

가 아저씨의 손을 잡고 있었거든요. 어제 민철이가 괴롭힌 바로 그 아이였어요. 자기 아빠를 데리고 온 모양이었어요.

"안 내려오면 내가 올라간다!"

아저씨가 손을 뻗으면서 소리쳤어요. 미끄럼틀 위에 있어서 민철이는 어디로 도망갈 수도 없었어요. 민철이는 어쩔 수 없이 미끄럼틀에서 미끄러져 내려왔어요.

"너, 어제 아이들 왜 괴롭혔어?"

아저씨가 말했어요. 민철이는 고개를 푹 숙인 채 대답하지 않았어요.

"너보다 어린 동생들인데 사이좋게 놀아야지, 왜 괴롭히고 그래?"

민철이는 입술을 깨물며 주먹을 힘껏 쥐었어요. 힘만 있다면 아빠의 일자리를 빼앗은 나쁜 외국인 노동자를 때려 주고 싶었어요. 하지만 이제는 꼼짝없이 두드려 맞겠지요. 민철이는 맞아도 절대 울지 않을 거라고 마음을 단단히 먹었어요.

"이거 먹어."

외국인 아저씨가 말했어요. 아저씨는 손에 들고 있던 비닐봉지에서 아이스크림을 꺼내 민철이에게 내밀었어요. 민철이는 어리둥절했어요. 혼내지는 않으려는 모양이에요.

"앞으로 동생들 잘 돌봐 줘. 부탁해."

민철이는 아이스크림을 쥐어 주는 이국인 아저씨의 손을 뿌리쳤어요. 아이스크림이 모랫바닥에 떨어져 버렸어요. 민철이는 빨개진 눈으로 아저씨를 노려보며 소리쳤어요.

"우리 아빠가 아저씨 같은 외국인 노동자 때문에 공장에서 쫓겨났단 말이에요! 엄마는 만날 일만 하고, 난 피아노 학원도 못 다닌단 말이에요! 다 아저씨 같은 사람 때문이에요! 아저씨네 나라로 가세요!"

다른 어른들 같으면 머리를 쥐어박았을 텐데, 외국인 아저씨는 화를 내지 않았어요. 말없이 바닥에 떨어진 아이스크림을 줍

더니 모래를 털었어요.

"미안해."

아저씨가 말했어요.

"미안해. 우리가 한국 사람들에게 피해 주려고 온 건 아니야. 우리도 잘 살고, 한국도 잘 살게 하려고 온 거야. 미안해."

아저씨는 몇 번이고 사과했어요. 민철이는 당황스러웠어요. 아저씨가 이렇게 사과할 줄 몰랐거든요. 민철이는 더는 화를 내지 못했어요. 왈칵 눈물이 쏟아지려는 걸 이를 꽉 물고 참았어요. 하지만 눈물이 제멋대로 볼을 타고 흘러내렸어요. 아저씨가 민철이의 머리를 부드럽게 쓰다듬었어요.

민철이는 아저씨와 함께 벤치에 나란히 앉았어요. 여자아이는 옆에서 아이스크림을 핥아 먹으면서 다리를 흔들며 노래를 불렀어요.

"넌 이름이 뭐니?"

"민철이요. 강민철."

"피아노 치는 거 좋아해?"

민철이는 고개를 끄덕였어요.

"피아노 학원 계속 다녔으면 지금쯤 연주회에 나갈 수 있었는데……."

민철이는 아쉬운 목소리로 중얼거렸어요.

"나도 피아노 치는 거 좋아해. 내가 다니는 교회에 피아노 있어. 나는 아이들한테 피아노 치는 법을 가르쳐 줘. 너도 가르쳐 줄까? 돈 안 받고."

"정말요?"

민철이는 자기도 모르게 목을 길게 뺐어요.

"나는 파키스탄에서 음악 대학을 다녔어. 베토벤, 모차르트, 쇼팽…… 다 칠 수 있어. 여기서 가까워. 같이 갈래?"

민철이는 고개를 끄덕였어요.

피아노를 정말 치고 싶었으니까요.

'새하늘 교회'는 큰길에서 조금 떨어진 곳에 있었어요. 민철이도 지나가면서 몇 번 보았던 곳이었어요. 예배실 한쪽에 그랜드 피아노가 있었어요. 피아노 학원에 있는 것보다 훨씬 크고 멋진 피아노였어요.

"자, 쳐 봐."

외국인 아저씨가 피아노 건반을 가리키며 말했어요. 민철이는 머뭇거렸어요. 외국인 아저씨는 의자에 앉아 피아노를 치기 시작했어요. 민철이도 들어 본 적이 있는 곡이었어요. 베토벤의 '월광 소나타'였어요.

외국인 아저씨의 피아노 실력은 대단했어요. 달빛이 쏟아지듯 아름다운 피아노 소리가 예배실을 가득 채우며 아름답게 출렁거렸어요. 민철이는 꿈을 꾸듯 피아노 소리에 빠져들었어요. 피아노 소리가 민철이 가슴속 화를 부드럽게 식혀 주었어요.

다음 날부터 민철이는 학교에 다녀오면 시계만 바라보았어요. 저녁 7시가 되면 무조건 교회로 달음박질을 쳤어요. 외국인 아저씨에게 피아노를 배우기 위해서였어요. 외국인 아저씨의 이름은 무바드 알리였어요.

"민철아, 피아노에는 검은 건반이 있고, 흰 건반이 있지? 만약 흰 건반만 두드린다면 아름다운 연주를 할 수 없어. 또 검은 건반만 두드려도 이상한 연주가 될 거야."

알리 아저씨가 피아노를 가르쳐 주며 말했어요.

"민철아, 검은 건반과 흰 건반이 잘 어울려야 아름다운 연주가 되는 거야. 검은 건반을 나 같은 외국인 노동자라고 생각해 봐. 흰 건반은 너 같은 한국 사람이고. 흰 건반, 검은 건반이 서로 잘 어울려야 아름다운 연주가 되는 것처럼, 한국인 노동자와 외국인 노동자가 서로 도우면서 잘 어울려야 아름다운 세상이 되는 거야."

민철이는 차츰 알리 아저씨의 마음을 알게 되었어요. 민철이

는 그동안 궁금했던 것을 알리 아저씨에게 물었어요.

"그런데 왜 외국인 노동자들은 우리나라에 와서 일하는 거예요?"

"우리나라는 아주 가난한 나라야. 그래서 일을 하고 싶어도 일자리가 없거든. 그런데 한국에는 일자리가 많이 있어. 힘들고, 어렵고, 위험한 일은 한국 사람들이 잘 안 하려고 해. 그래서 우리 같은 외국인 노동자들이 한국 사람들을 대신해서 일을 하는 거야."

알리 아저씨는 계속 말을 이었어요.

"외국인 노동자들이 한국 사람의 일자리를 뺏는다고 생각하지 마. 외국인 노동자들은 한국을 위해 많은 일을 하고 있어. 한국 사람과 우리 외국인 노동자는 서로 돕는 사이여야 해."

조금은 알 것 같았어요. 그래서 알리 아저씨가 흰 건반과 검은 건반이 서로 잘 어울려야 한다고 했나 봐요.

어느덧 한 달이 지났어요. 교회에 다니는 외국인 노동자들이 모여 파티를 열기로 했어요.

"민철아, 네가 우리 파티에 와서 피아노를 연주해 줄래?"

알리 아저씨가 부탁했어요. 민철이는 많은 사람들 앞에서 멋진 연주를 한다는 생각에 들떴어요.

일요일 오전, 민철이는 엄마 아빠와 함께 교회를 찾았어요. 민철이가 피아노를 연주한다는 얘기에 엄마 아빠도 파티에 참석한 거예요.

파키스탄, 인도, 몽골, 필리핀, 인도네시아 등 여러 나라에서 온 사람들이 한자리에 모였어요. 물론 초대를 받아서 참석한 다른 한국 사람들도 많았어요.

달밧, 난, 짜파티, 달 등 태어나서 처음 보는 외국 음식들이 차려져 있었어요. 오디오에서는 외국 음악이 흥겹게 흘러나왔어요.

"이건 필리핀 만두인 룸피아고요. 이건 열대 과일인 드라이 망고예요."

알리 아저씨가 민철이네 가족을 안내해 주었어요. 민철이네 가족은 처음으로 낯선 외국 음식을 맛보았어요. 처음에는 어색해하던 아빠와 엄마도 점점 마음을 열고 사람들과 얘기를 나누었어요. 외국인 노동자들은 생각보다 한국말을 잘했어요.

알리 아저씨는 아빠를 다른 한국인 아저씨에게 소개했어요. 그 아저씨는 가구 공장의 사장이라고 했어요.

"가구 기술자라고 하셨지요? 알리한테 들었습니다."

"네. 수공예 가구를 만들지요."

아빠가 대답했어요.

"그렇다면 잘 되었군요. 마침 우리 공장에 수공예 가구 기술자가 필요했거든요. 외국으로 급히 수출을 해야 해서요. 혹시 저희 공장에서 일해 볼 생각 있으신가요?"

가구 공장 사장의 제안에 엄마와 아빠의 얼굴이 환하게 밝아졌어요. 아빠가 새로 일자리를 얻은 거예요.

"알리, 고마워요! 고마워!"

아빠는 알리 아저씨와 몇 번이고 술잔을 부딪쳤어요. 술을 잘 못하는 알리 아저씨가 조금 힘들어 했지만 말이에요.

드디어 민철이의 연주 시간이 되었어요. 민철이는 '월광 소나타'를 연주했어요. 따뜻하고 아름다운 피아노 소리가 교회 가득 울러 퍼졌어요.

민철이의 손끝에서 검은 건반과 흰 건반이 서로 사이좋게 어울렸어요. 민철이는 잠시 눈을 감았어요. 마치 전 세계 사람들 앞에서 연주를 하고 있는 것 같은 느낌이 들었어요.

민철이를 향해 박수가 쏟아졌어요. 민철이는 누구보다 행복했어요.

함께 어우러져 사는 세계

민철이는 외국인 노동자 때문에 아빠가 직장에서 쫓겨났다고 생각했어. 그런데 알리 아저씨는 민철이에게 피아노를 가르쳐 주겠다고 했지. 알리 아저씨를 통해 민철이는 그동안 외국인 노동자에 대해 갖고 있던 오해를 풀 수 있었어. 이제 민철이네와 알리 아저씨네는 검은 건반과 흰 건반처럼 어우러져 함께 살아갈 수 있을 거야.

01 외국인 노동자와 함께하는 어울림 한마당이 열렸어요!
여러분이 직접 한국에 대해 설명해 주세요. 무엇을 소개하고 싶나요?

02 다른 나라에서 온 사람들에게 그 나라의 어떤 것을 물어보고 싶나요?

서지원 글 * 김병남 그림

여러 문화가 모여
한 가정을 이루기도 해요

내 이름은 다문화

내 이름은 다문화다.

이건 3학년 1반인 우리 반에서만 불리는 별명이다. 물론 아직까지 내 입으로 다문화라고 말해 본 적은 단 한 번도 없었다. 아마도 그런 일은 내가 죽을 때까지 없을 거다.

내가 서대우라는 진짜 내 이름을 두고 다문화로 불리기 시작한 것은 3학년이 되면서부터였다.

"다문화들! 점심 다 먹으면 선생님한테로 좀 와라."

잘 기억은 나지 않지만 뭐 이런 식으로 시작되었던 것 같다.

새 학년이 시작되자마자 선생님은 나와 은진이를 함께 부를 일이 있을 때면 꼭 다문화라고 불렀다. 처음에는 별 생각 없이 그냥 그런가 보다 했지만, 본격적으로 기분이 나빠지기 시작한 것은 반 아이들까지 하나둘씩 우리를 그렇게 부르면서부터였다.

"야! 다문화들, 너희 오늘 커플룩 맞춰 입고 왔냐?"

우연히 은진이와 내가 입은 옷 색깔이 같았던 날, 경수가 이렇게 놀렸다.

"남자 다문화, 선생님이 교무실로 오래."

반장도 가끔 이렇게 선생님 흉내를 내고는 했다. 담임 선생님이 은진이와 나를 따로 부를 때 가끔 남자 다문화, 여자 다문화라고 불렀던 것처럼 말이다.

그러다 은진이가 엄마의 나라인 필리핀으로 가면서, 다문화는 오롯이 나만의 이름이 되어 버렸다. 우리 엄마는 베트남 사람이다. 베트남에서 아빠를 만나 결혼을 하고 나를 낳았다.

"대우야, 엄마 약속 지켜. 3학년 학교 잘 다니고 잘 공부하기로 했어. 대우 약속 안 지키지 말고 지켜야 돼."

엄마는 우리말을 잘 못한다. 하지만 나는 엄마 말이 무슨 뜻인지 모두 알 수 있다. 이보다 더 이상한 말을 해도 나는 다 알아듣는다. 마트에 가거나 병원에 갔을 때 다른 사람이 엄마의 말을 잘 못 알아들으면 나는 정확하게 엄마의 마음을 전해 주곤 한다.

엄마 말대로 나는 3학년이 되면 학교에 잘 다니고 공부도 열심히 하기로 엄마와 약속했었다. 그 약속은 정말 내 마음속 깊은 곳에서 우러나온 진짜 사나이 약속이었다. 아빠에게도 맹세했었다.

하지만 나는 3학년 1반이 정말 싫다. 나를 서대우가 아닌 다문화라고 부르는 학교가 싫다. 그래서 자주 결석을 하고 학교에 갔다가도 몸이 아프다는 핑계로 종종 조퇴를 했다. 그런 날이면 엄마는 나를 야단치며 큰 소리로 화를 냈다. 엄마 목소리가 점점 높아질수록 나는 게임기 볼륨을 끝까지 올렸다. 그게 내가 할 수 있는 전부였다.

 엄마에게 짜증이 나고 화가 나기도 했지만 엄마처럼 소리를 지를 수는 없었다. 왜냐하면, 첫 번째는 아빠와 그러지 않기로 약속을 했기 때문이고, 두 번째는 엄마가 내 별명을 모르기 때문이다.
 엄마는 교실에서 내가 다문화로 불린다는 것을 모른다. 엄마가 만약 그 사실을 알게 되면 지금처럼 그렇게 화내거나 약속을 지키라고 다그치지 않을 게 분명하다. 하지만 그렇다고 해서 그런 사실을 엄마에게 이야기하고 싶은 생각은 눈곱만큼도 없다.

 얼마 전에 일어난 일 때문에 나는 엄마에게 한 가지 비밀이 더 생겼다. 그날은 정말 재수가 없는 날이었다.
 아침부터 내린 비 때문에 체육 수업이 자유 토론 수업으로 바뀌었을 때부터 왠지 불길한 기분이 들었다. 곧 수업이 시작되고 선생님이 토론 주제를 '단일 민족과 다문화 사회'라고 적으셨을 때 나는 눈앞이 캄캄해졌다.
 "원래 우리 민족은 세계에서 보기 드문 단일 민족이야. 단일 민족이란 한 나라에 사는 사람들이 하나의 민족으로 구성되어 있는 것을 말하지……."
 선생님의 말이 시작되었을 때, 나는 고개를 숙이고 눈을 감아 버렸다. 두 손으로 귀를 막아 버리고 싶었다. 수업 시간 내내 나는 다른 아이들의 입에 오르내렸다.

"이제 우리는 단일 민족이 아닙니다. 대우만 봐도 알 수 있습니다. 우리 주위에는 대우처럼 외국인 부모님을 가진 아이들이 많으니까요."

소라에 이어 우주도 한마디 거들었다.

"단일 민족의 전통이 사라지는 건 너무 안타까워요. 대우에게는 미안한 말이지만 혼혈이 많은 다문화 사회는 왠지 하나로 뭉치기 어려울 것 같아요."

얼굴이 뜨거워지고 심장이 쿵쾅쿵쾅 빠르게 뛰었다. 시계를 자꾸 쳐다보았지만 시계 바늘은 멈춰 버린 듯 꼼짝도 하지 않았다. 수업 시간 내내 나는 엄마가 무척 미웠다.
다른 엄마들처럼 숙제도

도와주지 못하고, 준비물도 제대로 챙겨 주지 못하는 엄마가 자꾸만 떠올랐다. 베트남이라는 엄마의 나라는 생각만 해도 짜증 났다.

"딩동 댕동 딩동 댕동."

"휴!"

수업이 끝났음을 알리는 종소리에 나는 참았던 숨을 토해 내듯 긴 한숨을 쉬었다.

그런데 그때였다.

"서대우! 너희 엄마가 정말 베트남 사람이야?"

"왜? 그래서 어쩔 건데!"

무언가 뜨거운 기운이 가슴속에서 머리끝까지 치밀어 오르는 기분이었다.

"퍽!"

눈 깜짝할 순간에 이루어진 일이었다.

그런데 내가 날린 주먹에 맞아 교실 바닥으로 나가떨어진 건 낯선 얼굴이었다. 자세히 보니 내가 학교에 나오지 않았던 지난 주 목요일, 그러니까 약 닷새 전쯤에 우리 반으로 전학왔다는 박형주라는 아이였다.

그날 나는 담임 선생님에게 호되게 야단을 맞았다. 담임 선생님의 전화를 받은 엄마 아빠에게도 태어나 처음으로 눈물이 쏙 빠지게 야단을 맞았다. 왜 그랬는지 말하라는 아빠의 다그침에도 나는 입을 꾹 다물어 버렸다. 마음속에서는 '이게 다 엄마 때문이야!'라고 소리치고 있었지만 나는 그저 눈물만 훔쳐 내고 말았다.

그날 이후 나는 박형주와 원수가 되었다. 원래부터 나는 말이 없는 편이었지만 박형주가 눈에 띄는 곳에서는 일부러 더 말을 하지 않고 무시했다. 박형주도 나를 투명인간 취급했다. 전학 온 주제에 나보다 우리 반 아이들과 훨씬 더 친해진 녀석은 마치 내가 전학 온 듯한 낯선 기분이 들게 했다.

그러다 일주일이 지난 어느 날이었다.
"서대우, 이거!"
박형주였다.
"뭐야?"
"읽어 봐. 그리고 꼭 와 주면 좋겠어."
'머리는 제아? 오긴 어딜 와?'
나는 황급히 교실을 빠져나가는 녀석을 보면서 녀석이 건넨 카드를 열어 보았다. 처음에는 내게 생일 초대장을 보낸 거라고 생각했다.

서대우, 지난번에 있었던 일은 서로 잊었으면 좋겠어. 그날 난 우리 성당에서 있을 행사에 널 초대하고 싶어서 네게 질문을 던진 건데……. 오해가 있었던 거 같은데 이야기로 풀지 않을래?

　사과의 말도 아닌 이상한 글이 이어진 뒤에는 나를 어디론가 초대한다고 적혀 있었다.

　이번 주 토요일 2시에 내가 다니는 길동 성당에서 제1회 다문화 체험 한마당이 열려. 네가 와 주면 정말 좋겠어. 남은 이야기는 그때 하자. 꼭 와 줘.

　그날 나는 모두들 집에 돌아간 텅 빈 교실에서 이 이상한 초대장을 한참이나 바라보고 앉아 있었다.

　드디어 토요일이 왔다.
　초대장을 받고 나는 끊임없이 고민했다.
　'갈까, 말까? 다문화 체험 한마당에서는 무얼 하는 거지? 갔다가 이상한 거면 그냥 나올까?'
　약속 시간이 지났지만 나는 녀석이 다닌다는 성당 앞에서 여전히 망설이고 있었다. 그렇게 한참을 서성이다 용기를 내 성당으로 들어섰다. 행사를 알리는 플래카드가 마치 내게 환영 인사를 건네는 것 같아 조금 안심이 되었다. 바닥에 붙은 화살표를 따라 2층으로 올라가니 복도 끝 방에서 들려오는 신나는 소리가 나를 잡아끌었다.

'뭐지?'

어디선가 본 듯한 국기가 태극기와 나란히 걸려 있었다. 방 안에는 신부님과 수녀님, 그리고 열댓 명쯤 되는 아이들이 있었다. 아이들은 나처럼 피부색이 다른 아이들과 그렇지 않은 아이들이 반반쯤 섞여 있었다. 몇몇 아이들은 어디선가 본 듯한 옷을 입고 있었는데, 가만히 생각해 보니 그건 엄마의 사진 속에서 엄마가 입고 있던 옷이었다.

그제서야 내 눈에 커다란 칠판에 적힌 글씨가 들어왔다.

'제1회 다문화 체험 한마당 – 베트남이 좋아!'

방 안에 있는 아이들은 세 팀으로 나뉘어 음식 만들기를 막 마친 것 같았다. 세 가지 음식을 돌아보며 맛보는 것 같더니 신부님과 수녀님들의 평가가 이어졌다. 일등을 한 팀과 꼴찌를 한 팀 모두 뭐가 그리 좋은지 기분 좋은 장난과 웃음이 끊이지 않았다.

"자, 이제 실컷 먹었으니 민지, 유란이, 호재가 준비한 발표를 보도록 하자."

신부님의 소개와 함께 세 아이가 차례대로 앞으로 나와 베트남에 대해 이야기하기 시작했다. 아이들은 사진, 옷, 모자 같은 소품들을 하나하나 꺼내며 베트남이라는 나라를 자랑스럽게 소개했다.

나는 너무나 부끄러웠다. 그리고 엄마의 나라에 대해 많은 관심을 갖고 있는 아이들이 정말 대단해 보였다. 갑자기 엄마가 몹시 보고 싶었다. 마음속 깊은 곳에서 알 수 없는 용기가 솟아나왔다.

나는 조용히 방문을 열고 안으로 한 발자국을 내딛었다.

"어? 대우야!"

형주가 반가운 얼굴로 나를 맞았다.

"형주야, 늦어서 미안해."

나는 형주를 향해 인사를 건넨 뒤, 아이들을 향해 이렇게 말했다.
"우리 엄마도 베트남 사람이야."

여러 문화가 모여 만든 다문화 가정

학교에서 '다문화'라고 불리는 대우는 "너희 엄마가 정말 베트남 사람이야?"라는 형주의 물음에 그만 주먹을 날리고 말았어. 하지만 이건 오해였지. 형주의 초대를 받고 간 성당에서 대우는 다른 아이들을 보면서 스스로가 부끄러운 한편, 용기가 생겼어. 이제 대우도 자랑스럽게 말할 수 있어. "우리 엄마도 베트남 사람이야."

01 여러분이 대우와 같은 입장이었다면 어떤 기분이었을까요? 이야기에 나오는 대우에게 편지를 적어 보세요.

노지영 글 * 문채빈 그림

돈이 모든 것을 이뤄 주는 건 아니에요

내 꿈은 가난하지 않아!

아까부터 기분이 좋지 않아요. 그냥 기분이 별로인 거예요. 절대로 준우 때문은 아니에요.

그래도 준우가 보여 준 사진이 머릿속에서 떠나지 않는 건 사실이에요. 사진 속 준우는 손가락으로 브이를 그리며 환하게 웃고 있었지요. 로마의 원형 경기장에서 말이에요.

준우는 여름 방학 때 유럽에 갔다 왔대요. 세계 역사 탐방을 간 거래요. 여름 방학 때 한 일을 발표해 보라는 선생님 말씀에, 몇몇 아이들이 해수욕장이나 놀이 공원에 갔다 왔다고 떠들어 대기도 했어요. 하지만 다른 애들 말은 하나도 들리지 않

앉어요.

'준우는 유럽에도 가고…….'

쉬는 시간이 되자, 아이들이 준우한테 우르르 모여들었어요.

"너, 이탈리아에서 피자도 먹어 봤냐?"

까불이 오정식 목소리가 제일 크게 들렸어요.

나는 아이들에게 둘러싸인 준우를 물끄러미 바라봤어요. 나는 작년에도 준우와 같은 반이었어요. 작년 여름 방학에도 준우는 두 달 동안이나 호주에서 지냈다고 했어요. 거기서 여행도 하고 영어도 배웠다고 자랑했었어요. 캥거루랑 찍은 사진도 보여 주었어요. 그때도 아이들이 모여들어 '캥거루를 만져 보았냐.', '캥거루 주머니가 어떻게 생겼느냐.' 하는 통에 난리도 아니었지요. 그럴 때마다 준우는 별거 아니라는 듯이 차분히 설명해 주곤 했어요.

준우는 아는 것도 많아요. 물론 공부도 잘하지요. 영어는 아마 우리 학교에서 제일 잘할 거예요. 나는 그게 준우가 부자이기 때문이라고 생각해요.

학교가 끝나고 집에 가는 길에 보니까, 교문 앞에 크고 번쩍거리는 새까만 차 한 대가 서 있었어요. 그게 준우 엄마 차라는 걸 모르는 사람은 아무도 없을 거예요. 날이면 날마다 준우를 태우러 오니까요.

그때 까만 유리창이 스르륵 내려가더니, 준우네 엄마가 나를 불렀어요.

"한솔아, 준우는 왜 안 나오니?"

"준우 오늘 청소 당번이에요."

준우네 엄마가 알았다고 고개를 끄덕이고는 유리창을 올렸어요. 얼굴은 보이지 않았지만, 나는 까만 유리창에 대고 고개를 꾸벅 숙여 인사했어요.

9월이 되었는데도 아직 바람 한 점 없었고, 날씨는 푹푹 쪘어요. 책가방과 맞닿은 등은 벌써 푹 젖어 버렸어요.

내 꿈은 가난하지 않아!

우리 집은 학교에서 사십 분 정도 걸어가야 해요. 거리가 먼 것은 아닌데, 아파트가 높은 언덕 위에 있어서 좀 오래 걸리는 편이지요. 나이 드신 할머니들은 언덕길 중간에 있는 나무 아래

에서 쉬어 가고, 자동차도 우리 아파트까지 올라가려면 헉헉대기 마련이에요. 나도 나무 밑에서 손등으로 이마를 닦아 내고는 잠시 땀을 식혔어요.

그때 뒤에서 어떤 차가 작게 경적을 울렸어요. 돌아보니 준우 녀석이 차창 밖으로 얼굴을 내밀고 손을 흔들었어요.

"한솔아! 잘 가!"

나도 손을 흔들어 주었어요. 준우는 벌써 청소까지 다 하고 집에 가나 봐요. 그러고도 나보다 훨씬 빨리 집에 도착할 거예요. 오늘 따라 준우가 자꾸만 부러웠어요.

아파트 현관문 앞에서 열쇠를 꺼내 꽂으려는데 엄마가 나보다 빨리 현관문을 열어 주었어요.

"덥지?"

"진짜 더워."

나는 집에 들어가사마사 냉장고를 열고 벌컥벌컥 찬물을 마셨어요.

"그런데 엄마 오늘 일찍 왔네?"

"응. 가게 사장님한테 말씀 드리고 좀 일찍 왔어. 오늘 수업 있는 날이거든. 엄마가 국 끓여 놨으니까 이따 반찬만 냉장고에서 꺼내 먹어."

나는 엄마 얘기를 듣는 둥 마는 둥 입을 열었어요.

"준우네 엄마는 만날 차 갖고 준우 마중 나온다."

"그러니?"

엄마가 무신경하게 대답했어요.

"걔네 집은 우리 집보다 더 가까운데도 그래. 그리고 준우는 방학 때 로마 갔다 왔대."

"로마?"

"지난번에 얘기했잖아. 세계 역사 탐방 간다고."

엄마가 고개를 끄덕였어요.

"나도 준우처럼 학원 다니고 싶은데……."

"공부는 혼자 하는 거야. 누가 도와준다고 실력이 느는 게 아니야."

엄마가 반찬 통을 냉장고에 넣으며 말했어요. 나는 엄마 말이 야속했어요.

"내가 아무리 열심히 공부해도 준우 같은 애는 절대 따라갈 수 없을걸?"

엄마가 하던 일을 멈추고 조금 놀란 표정으로 나를 쳐다보았어요. 나는 못 본 척 말을 이었어요.

"준우는 방학 때마다 가족끼리 해외여행도 가고, 어학연수도 가는데. 엄마는 나한테 그런 거 못 해 주잖아."

"얘는. 너, 공부 잘하잖아."

나는 괜히 심술이 나서 목청을 더 높였어요.

"준우가 나보다 더 잘해! 준우는 나중에 유학도 가고, 걔네 아빠처럼 교수도 될 거래. 엄마는 나 유학 보내 줄 수 있어?"

여기까지 말하고 나니, 갑자기 울컥했어요.

"에이, 씨. 우리 집은 왜 이렇게 가난한 거야?"

엄마가 나를 물끄러미 바라보았어요.

"한솔이는 우리 집이 가난하다고 생각하니?"

나는 눈물이 나려는 걸 꾹 참느라고, 아무 말도 하지 않았어요.

"엄마는 우리가 부자는 아니지만 그렇다고 해서 가난하다고 생각하지는 않아. 너는 엄마도 있고, 아빠도 있잖니? 이렇게 우리가 살 집도 있고."

엄마가 거실을 둘러보더니 말을 이었어요.

"엄마가 꼭 너만 할 때, 외할아버지가 병을 얻어 쓰러지셨어. 외할아버지가 일을 못하시니 돈 들어올 데도 없었고 그나마 있던 돈도 병원비로 다 썼지. 그땐 정말 먹을 것도 없었고, 방세를 못 내 집에서도 쫓겨날 지경이었어."

엄마가 이런 이야기를 하는 것은 처음이었어요. 나는 조금 놀라며 엄마 말을 들었어요.

"그렇게 가난했지만 그렇다고 해서 꿈을 접어야 한다고 생각한 적은 없단다. 꿈을 이루기 위해 중요한 것은 마음이지 돈이 아니거든. 물론 꿈을 이루는 데 시간이 더 걸릴 수는 있겠지. 하지만 중요한 것은 속도가 아니라 방향이란 걸 잊지 말아야 돼."

엄마는 고등학교를 졸업하자마자 돈을 벌어 동생들 학비를 대느라, 정작 엄마의 꿈은 미뤄야 했대요. 하지만 지금 엄마는 낮에는 가게에 나가 일하면서, 저녁마다 야간 대학교에 공부하러 다녀요. 엄마는 옛날부터 어렵고 힘들게 사는 사람들을 돕고 싶었대요. 그래서 사회 복지를 공부하고 싶었는데 최근에야 공부를 시작한 거예요.

"한솔이는 뭐가 되고 싶은데?"

"난 의사가 되고 싶어. 아픈 사람들도 치료해 주고, 돈도 많이 벌고."

엄마가 빙그레 웃었어요.

"그래, 한솔이 꿈이 의사가 되는 거구나. 엄마가 몰랐네. 한솔이가 욕심도 있고, 하고 싶은 것도 많은데, 엄마가 그걸 다 해 주지 못할 수도 있어. 하지만 언제나 가장 중요한 건 한솔이의 의지란다."

"엄마는 저녁에 피곤한데 공부하기 힘들지 않아?"

"아니. 이제라도 내가 좋아하는 공부를 할 수 있어서 행복해. 엄마는 살면서 어려운 고비를 겪을 때마다, 신기하게도 그걸 이겨낼 힘이 생기더라."

나는 고개를 끄덕였어요.

"엄마가 뭐 하나 보여 줄게. 네 아빠 보물인데 말이야."

엄마가 안방에 들어가더니 작은 상자를 하나 꺼내 왔어요. 상자 속에는 고무줄로 칭칭 묶은 낡은 통장 한 다발이 들어 있었어요.

"아빠가 사고로 부모님을 잃고 고아원에서 자란 거, 알고 있지? 아빠도 어린 시절에 어려운 일이 참 많았단다. 그런데 그럴 때 아빠를 도와준 어른이 있었어."

"그 어른이 누군데?"

나는 엄마가 건네 준 통장 하나를 펼치며 물었어요. 그런데 매달 돈을 입금한 사람 이름은 통장에 나와 있지 않았어요. 그 대신 '꿈을 잃지 마세요.'라고 적혀 있을 뿐이었지요.

"그건 아빠도 엄마도 몰라. 그분의 이름보다 중요한 것은 '꿈을 잃지 마세요.' 라는 이 글귀야."

나는 회사에서 열심히 일하고 있을 아빠 얼굴이 떠올랐어요. 아빠의 어린 시절 이야기는 얼핏 들은 적 있지만 한 번도 진지하게 생각해 본 적은 없었어요. 갑자기 가슴이 뭉클해졌어요.

"아이고, 엄마 학교 늦겠다. 엄마 다녀올게. 이따가 밥 잘 챙겨 먹고."

엄마가 내 등을 두드려 주고, 가방을 챙겨 집을 나섰어요.

나는 엄마를 배웅하고, 통장을 다시 장롱 서랍에 넣어 두려 했어요. 그런데 서랍 속에서 또 다른 통장 묶음을 발견했어요. 매달 똑같은 금액이 어디론가 빠져나가는 통장이었지요.

"이건 또 무슨 통장이시?"

그때 통장 묶음 속에서 꼬깃꼬깃 접힌 신문지 한 장이 툭 떨어졌어요.

가위로 잘 오려 낸 신문 기사에는, 소년·소녀 가장 생활 수기에 당선된 한 여자아이의 인터뷰가 실려 있었어요. 그 아이는 엄마 아빠가 집을 나간 뒤 다리가 불편한 할머니

와 함께 살고 있대요. 인터뷰를 죽 읽어 내려가던 나는 마지막 부분을 읽고 깜짝 놀랐어요.

'저는 나중에 대학에서 미술을 공부해서 미술 선생님이 되는 게 꿈이에요. 어려운 형편에 미술 공부는 사치라고 생각한 적도 많아요. 하지만 이걸 보면서 꿈을 향해 도전할 용기를 얻고 있어요.'

사진 속 아이가 해맑게 웃으며 들어 보인 것은 통장이었어요. 그리고 그 통장에는 매달 후원금을 보낸 사람의 이름 대신 '꿈을 잃지 마세요.'라고 쓰여 있었어요.

그제야 난 이 통장들의 정체를 알게 되었지요. 어린 시절 아빠를 도와주었던 누군가처럼 아빠도 남몰래 누군가를 돕고 있었던 거예요. 어려웠던 시절에 받은 도움을 잊지 않고 다시 다른 사람에게 베푸는 아빠, 꿈을 이루기 위해 끊임없이 노력하는 엄마가 정말 멋지게 느껴졌어요. 그리고 부끄러웠어요.

생각해 보니 우리 집이 준우네 만큼 부자는 아니지만, 그렇다고 가난한 건 아니에요. 아니 어쩌면 부유한 것과 가난한 것은 생각하기 나름일지도 몰라요.

 이튿날 학교가 끝나자마자 나는 저금통을 가지고 은행으로 갔어요. 그리고 통장 하나를 만들었지요. 바로 나의 '꿈을 잃지 마세요.' 통장이에요. 나도 이 통장으로 엄마 아빠처럼 누군가에게 꿈과 용기를 줄 거예요. 내 꿈을 키워 가면서 다른 친구의 꿈도 함께 키울 수 있다면 정말 멋진 일이잖아요.
 새 통장을 받아 들고 은행 문을 나서는데, 어제까지 푹푹 찌던 날씨가 한결 시원하게 느껴졌어요. 파란 하늘에 대고 '꿈을 잃지 마세요.' 통장을 들어 보였어요.
 이제 준우가 로마에서 찍어 온 사진 같은 건 하나도 부럽지 않아요.

돈에 대해 달라진 생각

한솔이는 준우가 부러웠어. 자기가 가난한 것처럼 느껴졌지. 엄마는 그런 한솔이에게 엄마와 아빠의 어릴 적 이야기를 들려주었어. 아빠의 통장들도 보게 되었지. 다음 날 한솔이도 '꿈을 잃지 마세요' 통장을 만들었어. 어려운 친구들을 도와주기 위해서야. 통장을 한 손에 든 한솔이는 이제 더 이상 준우가 부럽지 않았어.

01 세상에는 돈으로 살 수 있는 것이 많지만,
돈으로 살 수 없는 것도 있지요.
돈으로 살 수 있는 것과 돈으로 살 수 없는 것을 적어 보세요.

돈으로 살 수 있는 것	돈으로 살 수 없는 것

02 돈으로 살 수 없는 것 중에서 꼭 있어야만 하는 것은 무엇이 있나요?
돈과 행복에 대해서 적어 보세요.

곽민수 글 * 김은진 그림

피부색이 달라도 친구가 될 수 있어요

행복한 외계인 학교

파릇파릇 새싹이 돋았어요. 담벼락 밑에는 아직 녹지 않은 눈도 있지만, 개나리는 노란 꽃망울을 활짝 터트렸어요.

오늘은 3월 2일이에요. 새 학기 첫날이지요.

보람이도 3학년이 되었어요. 2학년 때보다 보람이는 훨씬 의젓해졌어요. 보람이는 거울을 보았어요. 두 갈래로 예쁘게 땋은 머리카락에는 방울 모양의 머리끈이 달랑거렸어요. 새로 산 빨간 치마도 마음에 쏙 들었어요.

"새 학교 첫날이니까 친구들에게 자기소개를 잘해야 해."

엄마가 말했어요.

　보람이는 지난 겨울에 서울에서 이곳으로 이사를 왔어요. 아빠의 직장이 이 근처로 바뀌었거든요. 그래서 3학년부터 새 학교에 다니게 된 거예요. 보람이의 새 학교는 전라북도 장수군에 있는 하늘 초등학교예요. 며칠 전에 보람이는 엄마와 함께 학교를 찾았어요. 학교 구경도 하고, 학교 가는 길도 익히려고요. 운동장은 넓었지만, 학교는 작았어요. 전교생이 120명밖에 되지 않는 학교라고 했어요.

　엄마와 함께 보람이는 담임 선생님을 찾아가 인사를 했어요. 선생님은 마음씨 좋은 시골 아주머니처럼 보였어요.

　"보람이 학교에 혼자 갈 수 있지?"

　"걱정 마. 이젠 열 살이잖아. 열 살은 두 자리 숫자야. 엄마가 따라오지 않아도 돼."

　보람이는 가방을 메고 씩씩하게 학교로 향했어요.

　"안녕하세요. 저는 서울에서 전학 온 김보람이라고 합니다."

　보람이는 친구들 앞에서 꾸벅 인사를 했어요. 아이들은 활짝 웃으면서 큰 소리로 손뼉을 쳐 주었어요. 보람이와 같은 반 친구는 스무 명 정도였어요. 학교가 작아서 그런지, 친구들은 서로 다 친한 사이처럼 보였어요.

　그런데 친구들을 둘러보던 보람이는 깜짝 놀라고 말았어요.

이게 어떻게 된 일일까요?
피부색이 다른 아이들이 있는 거예요. 그것도 한두 명이 아니었어요. 보람이가 얼떨떨해 하고 있을 때, 선생님이 말씀하셨어요.
"보람이는 저기 창가 자리에 앉도록 해라."
보람이는 선생님께서 가리킨 빈자리로 걸어가 앉았어요.

행복한 외계인 학교 131

"난 최윤정이라고 해. 반가워."

옆자리에 앉은 짝이 보람이에게 말했어요. 보람이는 또 한 번 놀랐어요.

윤정이라는 아이는 얼굴이 불에 탄 것처럼 까무잡잡하고, 머리는 보글보글했어요. 또 속눈썹은 길고, 눈동자는 왕방울만큼 컸어요. 아무리 봐도 우리나라 사람처럼
보이지 않았지만,

그렇다고 완전히 외국 사람처럼 보이지도 않았어요. 한국말을 정말 잘했거든요. 낯선 얼굴로 한국말을 잘하는 것이 좀 이상해 보였어요.

쉬는 시간이 되자 아이들은 떠들며 장난치기 시작했어요. 어떤 아이는 알아들을 수 없는 말을 마구 섞어서 말을 했어요. 보람이는 정신이 하나도 없었어요.

"엄마, 학교 가기 싫어! 서울로 돌아가, 응?"

집에 돌아온 보람이는 가방을 팽개치면서 엄마에게 떼를 썼어요.

"왜 그래? 학교에서 무슨 일 있었니?"

"이 학교 이상해. 외계인들이 너무 많아."

"외계인이라니?"

엄마가 고개를 갸웃거렸어요.

"애들 생긴 게 이상하다니까! 머리가 보글보글하기도 하고, 눈이 주먹만큼 큰 아이도 있어. 얼굴이 까맣게 탄 빵 같은 아이도 있고, 속눈썹이 길고 눈썹이 시커먼 아이도 있다니까. 다 이상하게 생긴 외계인 같아!"

"아하! 난 또 뭐라고……."

엄마는 웃으면서 고개를 끄덕였어요.

"보람아, 외계인이 아니라 혼혈인이야."

"혼혈인?"

보람이가 물었어요.

"엄마나 아빠가 외국인이면 아이도 엄마와 아빠를 닮아서 피부색이 달라지거든. 너희 반에 그런 아이가 많은가 보구나."

보람이는 그제야 조금 알 것 같았어요. 보람이도 엄마를 닮아서 코가 작고, 아빠를 닮아서 입술이 도톰하거든요.

"보람아, 요즘 시골에는 다문화 가정이 많아졌어."

"다문화 가정이 뭐야?"

"우리와는 다른 민족이나 다른 문화를 가진 사람들이 함께 만든 가정을 말하는 거야. 우리나라 사람이 외국 사람과 결혼해서 다문화 가정이 만들어지기도 해. 이상한 사람들이 아니야."

"하여튼 난 가기 싫어! 절대 안 갈 거야!"

보람이는 방 안으로 들어가 문을 쾅, 닫아 버렸어요.

다음 날 아침, 보람이는 눈물을 찔끔 흘리며 현관을 나섰어요.

"학교에 안 가면 회초리로 종아리 맞을 줄 알아! 다시는 집에 들어오지도 마!"

아빠가 엄한 표정을 지으며 현관 앞을 지키고 서 있었어요. 보람이는 어쩔 수가 없었어요. 아빠가 화나면 정말 무섭거든요.

보람이는 가방을 메고 학교로 향했어요. 발걸음이 무겁기만 했어요.

"어서 와!"

윤정이가 손짓하며 인사를 했어요. 다른 아이들도 보람이를 반겨 주었어요. 하지만 보람이는 모른 척 고개를 돌려 버렸어요. 얼굴과 피부색이 다른 아이들이 낯설기만 했어요.

종소리가 울리고 첫 수업이 시작되었어요. 선생님께서 교실로 들어오셨어요.

"오늘 미술 시간에는 만들기를 하기로 했지? 준비물은 모두 가져왔니?"

"네!"

아이들은 가방에서 수섬수섬 준비물을 꺼냈어요. 풀도 꺼내고, 가위도 꺼내고, 색종이도 꺼냈어요. 보람이는 바늘로 찔린 듯 뜨끔했어요. 아침에 떼를 쓰다가 아빠에

게 혼이 나느라, 준비물 챙기는 걸 깜박 잊은 거예요. 보람이는 당황한 얼굴로 아이들을 둘러보았어요. 선생님에게 혼날까 봐 눈치도 살폈어요.

"나랑 나눠 쓰자."

윤정이는 준비물들을 책상 가운데에 놓았어요. 보람이가 쓰기 편하라고요. 하지만 보람이는 심술 맞게 대꾸했어요.

"됐어!"

"괜찮아. 난 색종이도 많고, 풀도 두 개야. 나눠 써도 돼."

윤정이는 스케치북을 펼쳤어요. 그러고는 아깝지도 않은지 한 장을 북 찢어 보람이에게 내밀었어요.

"필요 없다니까 왜 그래! 이 깜둥이!"

보람이는 윤정이의 팔을 밀쳤어요. 윤정이의 의자가 넘어지면서 책상도 함께 쓰러졌어요.

"우당탕!"

필통과 색종이와 가위와 스케치북이 요란한 소리를 내며 바닥으로 떨어졌어요. 아이들이 동시에 쳐다보았어요. 칠판에 무엇인가를 그리던 선생님께도 돌아보셨어요.

"무슨 일이야?"

선생님이 놀란 눈으로 쳐다보며 물으셨어요.

"보람이가 윤정이를 때렸어요!"

"윤정이더러 깜둥이라고 했어요!"

여기저기서 아이들이 말했어요. 보람이는 얼굴이 새빨갛게 달아올랐어요. 입술을 꼭 다물고 고개를 숙였어요. 눈물이 왈칵 쏟아질 것만 같았어요.

선생님은 무슨 일이 벌어진 건지 금방 눈치를 채셨나 봐요. 선생님이 보람이 쪽으로 다가오셨어요. 보람이는 선생님에게 혼이 날 거라고 생각했어요. 수업 시간 내내 손을 들고 벌을 서

던가 아니면 회초리로 손바닥을 맞겠지요.

선생님은 바닥에 떨어진 색종이를 주우면서 말씀하셨어요.

"윤정아, 괜찮니? 어디 다친 데는 없어?"

"…… 괜찮아요."

윤정이도 창피했는지 작은 목소리로 말하며 책상과 의자를 일으켜 세워 자리에 앉았어요.

"보람이도 괜찮니?"

선생님이 물으셨어요. 선생님의 목소리가 부드러웠어요. 화가 난 목소리는 아니었어요. 보람이는 말없이 고개를 끄덕였어요.

선생님은 뒤로 돌아 교탁 앞으로 걸어가셨어요. 보람이는 선생님의 등을 가만히 바라보았어요. 다행이에요. 혼을 내지는 않으시려나 봐요.

교탁 앞에 선 선생님은 한 손에 한 장씩 색종이를 들어 보이셨어요. 빨간 색종이와 파란 색종이였어요.

"빨간 색종이와 파란 색종이는 색깔이 틀린 걸까?"

"네!"

아이들이 대답했어요. 왜 저런 쉬운 질문을 하는 걸까, 하는 표정으로 고개를 갸웃거리면서요. 그런데 선생님은 고개를 흔드셨어요.

"너희가 잘못 알고 있구나. 빨간 색종이와 파란 색종이는 색

'다르다'
'틀리다'

깔이 다른 거야. 색깔이 틀린 게 아니야."

선생님은 칠판에 '다르다'와 '틀리다'라고 쓰셨어요. 보람이의 머릿속에 물음표가 솟았어요.

'선생님께서 무슨 말씀을 하시려고 저러는 걸까? 내가 한 행동과 무슨 상관일까?'

선생님은 아이들을 둘러보며 말씀하셨어요.

"사람들은 종종 '다르다'와 '틀리다'를 제대로 구분하지 못하고 쓴단다. 하지만 다른 것은 틀린 것이 아니야. '다르다'의 반대말은 '같다'이고, '틀리다'의 반대말은 '맞다'야. 내 피부색

과 친구의 피부색이 다르다고 해서 틀렸다고 하면 안 돼. 내 얼굴과 친구의 얼굴이 다르다고 해서 틀리다고 하면 안 돼."

선생님이 보람이와 윤정이를 번갈아 바라보셨어요. 그리고 다시 말문을 여셨어요.

"내 생각이랑 다르다고 해서 틀렸다고 하면 안 돼. 그건 자기만 잘나고, 자기와 다른 건 전부 틀렸다고 주장하는 거야. 나와 다르다고 해서 나쁜 게 아니지. 그냥 다를 뿐이야. 우리는 모두 소중한 사람이야. 그러니까 우리는 서로 존중하고 배려해야 해."

보람이는 그제야 선생님의 말뜻을 조금 알 수 있었어요. 보람이와 윤정이는 파란 색종이, 빨간 색종이처럼 서로 다를 뿐이라는 것을요. 파란 색종이가 맞고, 빨간 색종이가 틀린 것은 아니라는 것을요.

학교가 끝나고 집으로 가는 길이었어요. 보람이는 신발 가방을 들고 터벅터벅 교문을 나섰어요. 친구들은 삼삼오오 모여 조잘거리며 걸어갔지만, 보람이는 혼자였어요. 보람이가 얼굴을 찌푸리고 있으니까 친구들도 말을 걸지 않았어요.

보람이 등 뒤에서 까르르 웃는 소리가 들렸어요. 윤정이와 지혜가 오면서 즐겁게 떠들고 있었어요. 둘은 무척이나 사이가 좋아 보였어요. 지혜는 외국인도 아니었고, 혼혈아도 아니었어요. 그런데도 윤정이랑 단짝처럼 붙어 다녔어요.

신호등이 있는 세 갈래 길에서 윤정이는 지혜와 헤어졌어요.

"잘 가!"

"내일 봐!"

보람이는 손을 흔드는 윤정이를 못 본 척했어요. 신호등을 막 건너려고 할 때, 누가 보람이를 불렀어요.

"보람아, 같이 가자!"

보람이가 뒤를 돌아보자 지혜가 있었어요. 지혜와 보람이는 나란히 걷기 시작했어요.

"아직도 화가 안 풀렸어? 윤정이가 왜 싫어?"

지혜가 물었어요.

"생긴 게 이상하잖아! 우리랑 틀리게 생겼잖아!"

"틀린 게 아니라 다른 거라고 선생님께서 그러셨잖아."

"넌 윤정이랑 어떻게 그렇게 친하게 지내?"

지혜는 씩 웃었어요. 그러면서 비밀을 말해 주듯 작은 목소리로 속삭였어요.

"윤정이랑 나는 유치원 때부터 수호천사야."

"수호천사?"

보람이가 묻자, 지혜는 고개를 끄덕였어요.

"우리 마을에는 다문화 가족들이 많아. 그런데 예전에는 다문화 가족 아이들은 다문화 가족 아이들끼리만 놀았대. 서로 편을 갈라 싸우기도 했대. 그래서 우리 마을 어른들과 선생님들께서 고민을 하시다가 좋은 방법을 생각해 낸 거야."

"그게 무슨 방법인데?"

"유치원을 다닐 때 다문화 가족 아이와 그렇지 않은 아이 한 명씩을 수호천사로 맺어 주기로 했어. 그래서 다문화 가족 아이가 외톨이가 되지 않도록 함께 놀고, 숙제도 같이 하는 거야. 서로를 지켜 주는 수호천사처럼 말이야."

"수호천사가 그런 거구나."

보람이는 고개를 끄덕였어요.

"보람아, 넌 피부색이 다른 사람이 싫어?"

"응, 왠지 이상해."

"난 피부색이 다르고, 생김새가 다른 게 더 좋아. 아주 좋아!"

"그게 무슨 말이야?"

보람이는 고개를 갸우뚱했어요.

"내가 보여 줄까? 눈으로 직접 보면 너도 좋아할걸!"

지혜는 보람이에게 따라오라며 앞장섰어요. 보람이는 호기심이 생겨 지혜를 따라갔어요.

그곳은 큰길 건너에 있는 장난감 가게였어요.

유리창 너머 진열장에는 인형들이 나란히 앉아서 미소를 짓고 있었어요. 금빛 머리카락의 인형, 코가 오뚝한 인형, 눈이 커다란 인형, 눈동자가 초록색인 인형, 얼굴이 까만 인형…….

"와, 예쁘다!"

보람이는 유리에 코를 대고 인형을 바라보았어요. 어느 것 하나 귀엽지 않은 게 없었어요. 지혜가 인형을 바라보며 말했어요.

"저 인형들의 얼굴이 모두 똑같으면 어떨까?"

"그걸 말이라고 해? 재미없겠지. 그런 인형은 딱 하나만 있으면 돼. 똑같으니까 두 개도 필요 없어."

보람이가 대답했어요.

"나도 그렇게 생각해. 우리 아빠가 그랬어. 이 세상에 있는 인형들이 모두 똑같다면 어떨 것 같으냐고. 그래서 나도 너처럼 싫다고 했지. 똑같은 인형으로 인형 놀이를 한다면 얼마나 지겹겠어?"

"맞아! 그럴 거야!"

보람이도 고개를 끄덕였어요.

"그런데 우리 아빠가 그러는 거야. 세상 사람들이 모두 똑같이 생겼다고 생각해 보라고. 세상이 얼마나 재미없고 지겹겠냐고. 사람들이 서로 다르게 생긴 게 천만다행이라고."

보람이는 허리를 굽히며 아하하 웃었어요. 상상만 해도 웃음이 터져 나왔거든요. 엄마도, 아빠도 얼굴이 똑같고, 선생님도, 반 친구들도 모두 똑같이 생겼다면 얼마나 이상할까요? 누가 누군지 알아보지도 못할 거예요.

지혜도 따라 웃으면서 말했어요.

"사람은 누구나 다르게 생겼어. 머리카락이 곱슬곱슬한 친구도 있고, 눈동자가 큰 친구도 있고, 코가 큰 친구도 있어. 피부가 까만 친구도 있고, 피부가 하얀 친구도 있어. 그건 그냥 다른 것뿐이야. 아무것도 아니야. 피부색이 우리랑 다르다고 해서 싫어하고 무시하면 안 된다고 아빠가 그랬어."

"아!"

보람이는 그제야 지혜가 무슨 말을 하는지 알게 되었어요.

가슴속에서 무엇인가 톡, 하고 껍질이 깨지는 느낌이 들었어요. 가슴이 찡해졌어요. 진열장에서 인형들은 여전히 방실방실 웃고 있었어요.

며칠 후, 선생님이 미술 시간에 그림 숙제를 내 주셨어요. 보람이는 집에 와서 방바닥에 엎드려 스케치북에 그림을 그렸어요. 보람이네 반 아이들의 모습이었어요.

엄마가 어깨 너머로 보람이의 스케치북을 내려다보았어요.

분홍 얼굴, 갈색 얼굴, 노란 얼굴, 하얀 얼굴……. 보람이의 그림은 여러 색으로 칠해진 아이들로 가득했어요.

"보람아, 사람 얼굴은 살색으로 칠해야지. 왜 알록달록 여러 색깔로 칠했어?"

"우리 반에는 살색이 없어!"

보람이가 대답했어요.

"이게 살색이잖아. 이걸로 칠해."

엄마가 크레파스 통에서 크레파스를 골라 주면서 말했어요.

"엄마, 이건 살색이 아니라 살구색이야. 우리 반에는 갈색 얼굴도 있고, 노란 얼굴도 있고, 하얀 얼굴도 있어. 그런데 살구색만 살색이라고 하면 안 되잖아."

엄마는 그제야 보람이의 마음을 알 수 있었어요.

"엄마, 난 진희랑 수호천사할 거야. 진희 엄마는 우즈베키스탄에서 왔대. 시골로 전학 오니까 정말 좋아. 세계 학교에 다니는 것 같아."

　엄마는 말없이 활짝 웃었어요. 보람이가 너무나 행복해 보였거든요.

낯설지만 예쁜 얼굴

새 학교로 전학 간 보람이는 친구들의 낯선 얼굴에 쌀쌀맞게 굴었어. 선생님은 '틀린 게 아니라 다른 것'이라고 하셨지만 쉽게 이해되지 않았지. 하굣길에 윤정이는 지혜와 인형 가게에 갔어. 그리고 저마다 다른 생김새를 가진 인형들이 모두 예쁜 것처럼, 친구들의 다른 생김새도 모두 사랑스럽다는 걸 알게 되었어. 이제 보람이에게 친구들은 더 이상 '외계인'이 아니야.

01 다른 사람과 나는 어떤 점이 다른가요?
여러분의 얼굴에는 어떤 특징이 있나요?
마음에 드는 점이나 마음에 들지 않는 점이 있다면 적어 보세요.

02 우리가 모두 똑같이 생겼다면 어떤 일이 일어날까요?
상상해서 적어 보세요.

서지원 글 * 송수미 그림

나와 다른 행동을 하는 친구들도 있어요

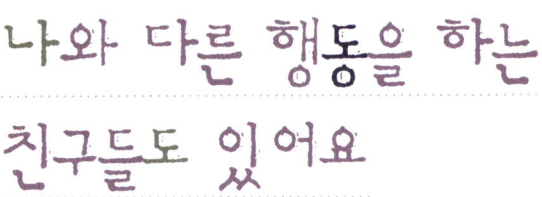

친구가 생겼어요!

멍멍! 내 이름은 '강냉이'예요. 웃지 말아요! 승우가 왜 이렇게 우스꽝스러운 이름을 지었는지 나도 불만이라고요. 승우 말로는 내 털 색깔 때문이래요. 멀리서 보면 꼭 강냉이 한 자루가 뛰어오는 것 같대요.

그런데 큰일 났어요. 아까부터 승우가 보이지 않아요. 조금 전만 해도 분명 "강냉아!" 하고 부르는 소리가 들렸는데, 이리 보고 저리 봐도 낯선 사람들뿐이에요. 무섭게 생긴 아저씨가 흘끔 쳐다보았어요. 깐깐한 할아버지가 나를 보자마자 지팡이로 바닥을 탁탁 치면서, '워이!' 쫓아냈어요. 덜컥 겁이 났어요. 이

러다 주인 없는 떠돌이 개가 되면 어쩌지요?

그때 멀리서 한 남자아이가 눈에 들어왔어요. 몸집도 승우만 했어요.

'승우가 틀림없어!'

나는 두 귀를 휘날리며 힘껏 뛰어갔어요.

"멍멍!"

그런데 가까이서 보니 승우가 아니에요. 우리 승우는 곱슬머리거든요. 그리고 승우라면 내 목소리를 듣자마자 반가워하며 "이 말썽꾸러기!" 했을 거예요.

그러고 보니 이 녀석은 내가 짖어도 들은 척도 하지 않고 제자리에서 빙빙 돌기만 해요. 자기 몸이 바람개비라도 되는 것처럼 두 팔을 벌린 채 말이에요. 게다가 어지러워서 넘어졌다가, 다시 일어나 돌고 또 돌지 뭐예요. 입으로는 "빙빙빙! 빙빙빙!" 하고 똑같은 말만 중얼거리면서요. 뭐가 골똘히 생각하는지 표정도 얼마나 진지한지 몰라요. 아무리 봐도 승우나 승우 친구들과는 좀 달라 보였어요. 한참 후에야 녀석은 빙빙 돌기를 그쳤어요.

그런데 녀석이 이번엔 땅바닥을 뚫어져라 바라보는 거 있지요? 발밑은 초록색과 회색으로 이루어진 보도블록이었어요. 초록색 블록과 회색 블록으로 이어진 길 위에 꽃이나 물결 모양이 그려져 있었어요.

한참을 초록 모양만 바라보던 녀석은 조심스럽게 초록색 블록에서 초록색 블록으로, 오른발을 내딛어 폴짝 뛰었어요. 아마 초록색 블록 밟기 놀이를 시작한 것 같아요. 녀석은 제법 폼을 잡고 블록 몇 개를 한꺼번에 훌쩍 뛰어넘기도 했어요. 다 건너 뛴 다음에는 두 발뒤꿈치가 초록색에서 벗어났는지 안 벗어났는지 꼭꼭 확인까지 했어요.

나는 이 놀이가 마음에 들었어요. 그래서 나도 녀석을 따라 했어요. 물론 나는 발이 네 개라서 초록색 블록을 벗어나지 않도록 더 조심해야 해요. 하지만 마음만 먹으면 녀석보다 훨씬 멀리 뛸 수 있으니까 아주 공평한 게임이에요.

처음에는 나한테 눈길도 안 주던 녀석이 나중엔 내 발밑을 흘끔 보기도 했어요. 내가 규칙을 지키나 안 지키나 보는 거였죠.

나는 녀석과 조금 친해진 느낌이 들었어요. 녀석이 한 발 내딛으면, 내가 곧장 따라가면서 한 발을 내디뎠어요.

그렇게 한참 재밌게 놀고 있는데 그만 초록색 블록이 끝나 버렸지 뭐예요. 나는 아쉬워하면서 앞으로 먼저 달려갔어요. 그러고는 녀석이 왜 안 오나 싶어 뒤돌아보았지요. 그런데 이런, 녀석이 그 자리에서 꼼짝도 않고 서 있었어요. 좀 놀란 듯 주위를 두리번거리면서요.

"멍멍!"

어서 오라는 내 말을 들었는지 못 들었는지, 녀석의 얼굴빛이 싹 변해 버렸어요. 녀석의 두 발은 마지막 초록색 블록에 갇혀 버린 것만 같았지요.

나는 녀석에게 다가가 꼬리를 흔들었어요.

그러나 녀석은 시뻘게진 얼굴로 씩씩대기 시작했어요. 그리고 발을 쾅쾅 구르더니 갑자기 소리까지 질러댔지요.

"초록색! 초록색! 초록색! 초록색! 초록색!"

세상에, 깜짝 놀랐어요. 얼마나 신경질적으로 소리를 지르면서 온몸을 흔드는지 아까 그 애가 맞나 싶었어요. 공원을 산책하던 사람들도 녀석 때문에 깜짝 놀라 발걸음을 멈추었어요.

"아이고, 다 큰 애가 왜 저런대?"

이렇게 쑥덕거리는 소리도 들렸어요. 그런데도 녀석은 다른 사람들은 신경도 안 썼어요. 오로지 '초록색'만 외쳐 댈 뿐이었

어요.

"초록색! 초록색! 초록색 내 놔!"

녀석은 눈물까지 쏟으며 악을 썼어요.

그때였어요.

한 젊은 아줌마가 우리 쪽으로 뛰어왔어요.

"현석아!"

녀석은 아줌마가 부르는 소리도 듣지 못하는 것 같았어요.

"현석아, 여기 있었구나. 엄마가 얼마나 찾았는데!"

이 녀석 이름이 현석인가 봐요. 아줌마가 헐레벌떡 달려와 현석이를 끌어안았어요. 그런데도 현석이는 울음을 그치지 않았어요. 오히려 더 화가 난 듯 땅바닥에 주저앉아 발버둥 치는 거예요. 아줌마가 아무리 어르고 달래도 소용없었어요. 사람들이 쯧쯧 혀를 찼어요. 모두가 두 사람의 실랑이를 보고만 있었죠. 아줌마가 너무나 안쓰러웠어요.

나는 더 이상 가만히 있을 수 없었어요. 나는 아줌마에게 다가가 눈을 마주치고 꼬리를 흔들어 주었어요. 아줌마는 슬픈 눈빛으로 내 등을 쓸어 주었지요.

조금 뒤에, 나는 울고 있는 현석이에게 다가가서 가만히 앉았어요. 그러고는 현석이 손에 코를 대고 킁킁대다가, 손을 핥기 시작했어요. 현석이 마음이 가라앉기를 바라면서요.

나는 현석이의 눈을 바라보았어요.

'왜 우는 거야?'

'난 지금 너무너무 화가 나. 너무 화가 나서 참을 수가 없어.'

현석이의 눈빛이 말하고 있었어요.

'왜?'

'초록색 블록이 끝났으니까. 그래서 화가 나. 사실…… 그게 무서워서 견딜 수가 없어.'

아, 그랬군요. 현석이는 갑자기 초록색 블록이 사라지자 낯설고 겁이 났던 거예요. 사실 나도 낯선 것이 무섭거든요. 현석이가 초록색 블록이 사라져서 화나고 겁나는 것은, 내가 승우를 잃어버리고 나서 무섭고 슬펐던 거랑 비슷한 느낌이겠지요?

나는 현석이 손을 계속 핥아 주었어요.

'나도 그 기분 알아. 이해해.'

그러자 현석이의 발버둥이 조금 누그러지는 것 같았어요.

그때 길 건너편에서 낯익은 목소리가 들려왔어요.

"강냉아! 강냉아!"

바로 우리 승우 목소리였어요.

나는 소리가 나는 쪽을 향해 "멍멍!" 하고 짖었어요.

눈 깜짝할 사이에 승우가 뛰어왔어요. 그러고는 나를 번쩍 들어 부둥켜안았어요.

"어디 갔었어? 얼마나 찾았는지 알아? 이 말썽꾸러기!"

승우도 내가 사라져서 깜짝 놀랐나 봐요. 나는 승우를 향해 꼬리를 흔들었어요. 아무 일도 없었던 것처럼요. 승우는 손바닥으로 내 등을 한참 동안 어루만진 후에야 나를 내려놓았어요. 나는 신이 나서 이쪽저쪽으로 껑충껑충 뛰었어요.

승우는 이리저리 날뛰는 나를 "강냉아!" 하고 불러 세웠어요. 난 재빨리 승우에게 달려갔지요. 딴짓을 하다가도 승우가 부르면 재빨리 뛰어가 안기는 것, 이건 승우와 내가 좋아하는 장난이에요. 세상에서 제일 친한 승우랑 나만의 놀이지요.

그런데 현석이도 이 놀이가 재미있어 보였는지 발버둥을 그치고 우리를 바라보고 있었어요.

아줌마가 승우에게 말을 걸었어요.

"네가 이 강아지 주인이니?"

"네."

"너, 참 귀엽게 생겼구나. 몇 살이니?"

"아홉 살이요."

"우리 현석이랑 동갑이네."

"그런데 쟤는 아까 왜 그렇게 소리 지르고 울었어요?"

"마음이 좀 아파서 그래. 화가 나거나 짜증이 나면 다른 사

람들처럼 잘 참지 못한단다. 자폐증이라고 하는 건데, 마음이 꼭꼭 닫혀 있어서 누군가와 마음을 나누기 힘들지."

'아, 그랬구나!'

나는 그제야 현석이가 왜 그렇게 고집을 피우고 울어 댔는지 알 것 같았어요.

"현석이는 못된 아이가 아니야. 오히려 마음이 너무나 깨끗해서 자기 감정을 있는 그대로 드러내는 거란다. 다른 사람들처럼 예쁘게 표현할 줄을 모르지."

승우도 고개를 끄덕였어요.

그때 현석이가 두 팔을 휘저으며 내 쪽으로 뛰어왔어요. 그러고는 내 등에 손을 대었어요. 나도 가만히 꼬리를 쳐 주었지요. 그러자 현석이가 이번에는 양손을 뻗어 나를 안으려 했어요.

승우는 현석이의 갑작스런 행동에 좀 놀란 듯했어요. 어떻게 해야 좋을지 몰라 아줌마를 쳐다보았지요. 아줌마가 고개를 끄덕였어요. 현석이가 나를 해치지 않을 거라는 뜻인 듯했어요.

현석이는 나를 덥석 끌어안았어요. 아주아주 꼭꼭! 마치 오랫동안 보고 싶었던 친구를 다시 만난 듯이 말이에요. 나는 숨쉬기가 조금 힘들었지만 그냥 참아 주기로 했어요. 현석이가 마음에 들었거든요.

그날 이후로 승우와 나는 토요일마다 공원에서 현석이를 만나게 되었어요. 처음에 현석이는 말을 잘 하지 않았어요. 나랑 눈을 마주치는 일도 드물었지요. 하지만 우리는 점점 친해졌어요. 내가 좋아하는 코로 볼을 찌르는 장난을 현석이도 좋아하게 되었어요. 혀로 얼굴을 핥아도 도망가

지 않았고요. 또 내가 현석이 품에 머리를 들이밀면 가만히 안아 주기도 했어요.

한번은 현석이가 나를 잡으려고 하다가 넘어진 적도 있어요. 그 바람에 우리 둘은 한데 엉켜서 데구르르 잔디밭을 굴러 내려갔어요. 온 세상이 뱅그르르, 얼마나 신 났는지 몰라요.

참, 이제 현석이는 이름 부르기 놀이도 할 줄 알아요. 승우가 "강냉아!" 하고 부르면, 나는 "멍멍!" 하고 승우에게 꼬리를 치며 달려가지요. 그러면 또 현석이가 "강냉아!" 하고 불러요. 그러면 나는 또 "멍멍!" 하고 현석이에게 꼬리를 치며 달려가요.

오늘은 두 녀석이 한꺼번에 내 이름을 부르지 뭐예요. 나는 현석이 한번 바라보고 "멍멍!" 승우 한번 바라보고 "멍멍!", 그러다 어떻게 해야 좋을지 몰라 제자리에서 폴짝폴짝 뛰었어요. 그런 내 모습이 우스꽝스러웠나 봐요. 승우랑 현석이가 깔깔깔 배꼽을 잡고 웃었어요. 이제 내게 친구가 하나 더 생긴 거예요.

마음으로 이어진 친구

자폐가 있는 친구들은 자신의 마음을 말로 잘 표현하지 못해. 그래서 물건을 던지거나 옆에 있는 사람에게 몸으로 자신의 마음을 표현하기도 하지. 자신의 마음속에 있는 불편한 느낌이나, 괴로움을 그런 방법으로 표현하는 것이지. 이것을 알고 있다면 자폐증이 있는 친구들의 행동이 이해가 될 거야.

01 이야기 속의 현석이는 어떤 행동을 했나요?

02 나는 기분이 좋지 않을 때 어떻게 행동하나요?

03 강아지 강냉이가 승우의 친구가 될 수 있었던 까닭은 무엇인가요?

곽민수 글 * 박지애 그림

| 저자 소개 |

글 작가 (수록순)

노지영

국문학을 공부하고 방송국에서 어린이 프로그램 작가로 일했어요.
어릴 적부터 꿈꿔 온 신나는 세상을 네모난 TV 상자에 다 담을 수가 없어서
밖으로 튀어나와 동화작가가 되었지요.
지은 책으로는 《시험불안 탈출학교》, 《구석구석 놀라운 인체》, 《방송국 탈출하기》 등이 있어요.
머지않아 세계 곳곳을 다니며 온 세상 아이들의 이야기가 모두 담긴 책을 쓸 계획이에요.

서지원

1968년 강원도 강릉에서 나고 자랐어요. 한양대학교에서 국어국문학을 공부하고
〈문학과 비평〉에서 소설로 등단했지요. 그 후 신문사 기자, 출판사 편집 주간 등
다양한 경험을 통해 세상 공부를 했어요. 지금은 어린이를 위해 세상과 사람에 대해서
반짝반짝 빛나는 이야기로 풀어내고 있지요.
지은 책으로는 《어린이를 위한 리더십》, 《어느 날 우리 반에 공룡이 전학 왔다》,
《훈민정음 구출 작전》, 《우리 한옥에 숨은 과학》, 《신통방통 곱셈구구》,
《수학마녀의 백점 수학》, 《어린이를 위한 계획성》, 《귀신들의 지리 공부》,
《전교 1등 도전 학교》, 《어린이를 위한 여자라면 힐러리처럼》, 《지구 구출 대작전》 등이 있어요.

곽민수

고려대학교에서 서양 역사를 공부했어요. 여러 해 동안 어린이책을 만들고
소개하는 일을 하다가 〈어린이 책 작가 교실〉에서 글쓰기 공부를 했지요.
지금은 재미있는 어린이 책을 기획하고 쓰는 데 힘쓰고 있어요.
지은 책으로는 《미래에서 온 땡땡》, 《사랑의 웨딩플래너》,
《주변 어디서나 찾을 수 있는 모양》, 《완벽한 세계를 이루는 모양》이 있어요.

그림 작가 (수록순)

문채빈

연세대학교 시각디자인과를 졸업했어요. 그림책 작가 겸 일러스트레이터로 활동하고 있지요.
어린이 친구들과 어떻게 소통해야 하는지에 대해 늘 고민하고, 그림으로 따스함과
사랑스러움을 전달하려 노력한답니다. 그린 책으로는 《커다란 꽃이 피었어요》,
《아이, 똥차》, 《동글 동글 예쁜 똥》, 《세상에서 내가 제일 소중해》 등이 있어요.

송혜선

서양화를 공부했어요. 그림으로 어린이들과 소통하는 게 즐거워 책에 그림을 그리고 있어요.
그린 책으로는 《세 개의 체》, 《하느님은 목욕을 좋아해》, 《주름》 등이 있어요.

구윤미

대학에서 서양화를 전공했어요. 그림책에 매력을 느껴 지금도 공부하며 그림을 그리고 있어요.
그린 책으로는 《할머니와 자전거》, 《톡톡톡 영어태교》, 《자신만만 신나는 가치학교》 등이 있어요.

송수미

프리랜서 일러스트레이터로 활동하고 있어요. 그룹전에 2회 참여했고,
한국출판미술협회 공모전에서 입상했어요. 현재 〈하얀 생각하기〉 회원으로 활동하면서
어린이를 위한 그림책을 그리고 있지요. 그린 책으로는 《장난꾸러기 다람쥐 채터리》,
《엄지공주》, 《링컨》 외 다수 동화, 학습동화가 있어요.

김병남

서양화를 전공하다 대학 때 우연히 보게 된 그림책에 매료되어 그림책 작가로 활동하고 있어요.
그린 책으로는 《악어를 키워 보세요》, 《도깨비쌀 쌀도깨비》 등이 있어요.

김은진

의류학을 전공했어요. 그림을 그릴 때와 그 그림을 보고 즐거워하는 사람들의 모습을 볼 때가
가장 행복해 그림을 그리게 되었어요. 세상 모든 사람들의 마음이 따뜻해지고
기분이 좋아지는 그림을 그리는 게 꿈이랍니다.

박지애

프리랜스 일러스트레이터로 대학교에서 서양화, 대학원에서 미술교육을 공부하였어요.
그린 책으로는 《불끈불끈 용기가 솟아나는 빨강》, 《엄지공주》, 《개구리 왕자》,
《이루어질 수 없는 사랑》, 《잠자는 숲속의 공주》, 《백설공주》, 《고수머리 리케》 등이 있어요